员工岗位创新精神

张一丹 ◎ 编著

小创意折射大智慧，小积累创造大财富。
解读别出心裁的创新思维方法，让我们行走在岗位的最前沿。
创新的"头脑风暴"，唤醒你的创新嗅觉。

企业管理出版社
ENTERPRISE MANAGEMENT PUBLISHING HOUSE

图书在版编目（CIP）数据

员工岗位创新精神/张一丹编著. -- 北京：企业管理出版社，2016.10
ISBN 978-7-5164-1358-6

Ⅰ.①员… Ⅱ.①张… Ⅲ.①企业创新－研究 Ⅳ.①F273.1

中国版本图书馆 CIP 数据核字（2016）第 231646 号

书　　名：	员工岗位创新精神
作　　者：	张一丹
责任编辑：	尤颖　田天
书　　号：	ISBN 978-7-5164-1358-6
出版发行：	企业管理出版社
地　　址：	北京市海淀区紫竹院南路 17 号　　邮编：100048
网　　址：	http：//www.emph.cn
电　　话：	总编室（010）68701719　发行部（010）68701816　编辑部（010）68701638
电子信箱：	qyglcbs@emph.cn
印　　刷：	北京柯蓝博泰印务有限公司
经　　销：	新华书店
规　　格：	170 毫米×240 毫米　　16 开本　13.75 印张　195 千字
版　　次：	2016 年 10 月第 1 版　2016 年 10 月第 1 次印刷
定　　价：	38.80 元

版权所有　翻印必究·印装有误　负责调换

前言 Preface

创新是一种锐意进取的精神面貌，是一种勇于探索的工作态度，是一种不断追求卓越、追求进步、追求发展的理念。

守旧，意味着落后；创新，才能充满生机。创新是人类特有的天性。创新是人类自身存在与发展的客观要求。创新是人类社会文明与进步的标志。创新是人类与自然交互作用的必然结果。创新是一个民族进步的灵魂，是一个国家兴旺发达的不竭动力，是一个人保持蓬勃朝气和昂扬锐气的力量源泉。

无论是纵观历史，还是横阅当今，民族之间或国家之间的所有进步和落后的差异，都是由创新所致。一切竞争归根结底都是创新的竞争。中国是一个有着五千年悠久历史和灿烂文明的国家，中华民族从来不缺少创新精神。早在三千多年前，我国的商汤王就喊出了响彻环宇的创新之音"苟日新，日日新，又日新"。

一个国家如此，一个企业、一个员工亦是如此。只有具有创新精神，我们才能在未来的发展中不断开辟新的天地。当今快节奏、多变化、竞争日趋激烈的社会，对每一个员工都提出了前所未有的创新要求，因此，在工作中，员工要大力发扬岗位创新精神。

岗位创新精神需要员工勇于冲破妨碍发展的创新观念，不断增强工作的创造性。在工作中，员工思想观念的创新要破除保守心理，树立凡事争先的赶超意识。走出因循守旧、墨守成规、满足现状、不思进取的思维模式。要破除狭隘思维，树立博采众长的海量胸怀。要破除依赖心

员工岗位 创新精神

理，树立敢为人先的拼搏精神。大力倡导勇于开拓、敢为天下先的胆识和魄力，冲破一切妨碍发展的思想观念和思维方式。

岗位创新方法是关键。明确了目标，找准了方向，员工就要下大力气不折不扣地一以贯之。因此要全力推行求真务实、注重实效的工作方法，要大力提倡工作方式、工作手段的创新。通过创新方式方法，大力提高整体合力和凝聚力，从而提高工作效率。要注重在工作中边实践、边探索、边总结，不断丰富创新内容，完善创新措施，要加大创新力度，推动创新工作上水平、上台阶。

制度的岗位创新是灵魂。创新的种子要发芽生长，需要适宜的气候和环境。发展创新文化、培育创新精神，需要观念的支撑，方法的执行，更呼唤制度的保障。制度创新的灵魂是尊重人、服务于人、平等待人。

总之，创新作为企业效率和竞争力的源泉日益受到重视，而员工本身也需要通过创新来体现自己的人生价值。为此，我们特意编写了《员工岗位创新精神》一书。本书对员工创新活动进行了全面阐述，以挖掘创新潜能和创意思维为主线，以培育员工的创新精神和创新能力为核心，通过详实的语言和有趣的故事，为员工打开了一道岗位创新之门，希望对读者有所裨益，能够正确引导广大职工朋友在工作中进行创新活动，迎来一个辉煌的职业人生！

张一丹
2016 年 10 月

目录 Contents

第一章　立足本职工作，每一个岗位都是创新的舞台

> 岗位创新精神体现了公司员工在变化中求生存，在变化中求发展的不懈追求和努力。企业必须以变应变，在创新中不断前进。不管是在哪个企业、哪个员工，都要接受环境不停变化的事实，都必须意识到：我们面对的未来世界，不是一个故步自封的世界，而是一个充满竞争的世界，只有做好岗位创新才能立足长远。

1. 工作是机会，创新是使命　/ 002
2. 企业需要有岗位创新精神的人　/ 006
3. 岗位不分贵贱，人人皆可创新　/ 014
4. 一流员工善于创新，末流员工故步自封　/ 020
5. 优胜劣汰，不创新就会灭亡　/ 026
6. 创新的最终受益者是员工自己　/ 030
7. 勇于创新，成为不可替代的人　/ 035

第二章　培养创新意识，敢想敢干激发无限创新潜能

> 岗位创新精神需要有敢为人先的创新意识。只有敢想敢干才能突破，才能创造性地开展工作。创新的过程就是打破常规的过程，不打破一些条条框框，创新就是

> 一句空话。善于创新者，都是敢于冒险、勇于尝试新事物的人。所以，他们往往更能实现跨越式发展。

1. 激活创新细胞，带着思想去工作 / 040
2. 大胆质疑，在怀疑中找到创新突破点 / 044
3. 突破束缚，打破条条框框 / 049
4. 寻找差异，做别人不做的事 / 054
5. 敢冒风险，勇于尝试新事物 / 057
6. 先模仿后创新，边学习边改进 / 060
7. 重视细节，小创造小发明同样是创新 / 063

第三章　运用创新思维，放飞心灵开阔创新眼界

> 爱因斯坦曾经说过："人是靠大脑解决一切问题的。"头脑中的创新思维是人们进行创新活动的基础和前提，一切需要创新的活动都离不开我们的思考，离不开创新思维。我们要想培养创新思维，必须要勇敢地冲破看事情、想问题的传统模式，用全新的思路来考察和分析问题，这样才能开阔创新眼界。

1. 缜密的逻辑思维是创新之源 / 072
2. 挣脱惯性思维的枷锁 / 075
3. 小心"人云亦云"的从众思维 / 078
4. 善于联想，触类旁通赢得创新 / 081
5. 逆向思维：反向思考就是一种创新 / 084
6. 灵感思维：抓住跳荡的灵感之火 / 087
7. 发散思维：撑开思维的大伞 / 091
8. U形思维：绕个弯就是另一片天空 / 094

目录 Contents

第四章　掌握创新方法，勇于实践拓展创新空间

> 创新方法是解决难题的前提。创新最有用的知识是关于方法的知识。法国著名的生理学家贝尔纳曾说过："良好方法能使我们更好地发挥天赋的才能，而笨拙的方法则可能阻碍才能的发挥。"创新一定要有方法。好的方法，事半功倍；不好的方法，事倍功半。

1. 思路决定出路，方法决定效率　／100
2. 5W1H 法：连续追问举一反三　／104
3. 头脑风暴法：激荡脑力自由碰撞　／107
4. 德尔菲法：函询专家意见　／110
5. 中山正和法：孵化创新方案　／114
6. 功能模拟，仿生学下的创新　／117
7. 六项思考帽法：事半功倍的创意技巧　／119

第五章　主动创新，积极进取在岗位中找到创新密码

> 在工作中，许多员工抱着坚守岗位的态度，一切因循守旧，缺少创新精神，认为创新是老板的事，与己无关，自己只要把分内的工作做妥就行。这种思想实在要不得。积极主动的岗位创新不仅仅是为企业创造效益的工具，更是实现员工个人发展的根基。

1. 张开想象的翅膀，工作中就要多思多想　／124
2. 培养超前意识，创新必须着眼未来　／128
3. 主动探索，寻找岗位"创新点"　／131
4. 充分准备，抢抓一切创新机遇　／134
5. 立即行动，将创新想法变为现实　／138
6. 把主动创新化为一种习惯　／141

第六章　大胆创意，突破常规让"好点子"为岗位创新添彩

> 在现实工作和生活中，许多人常常灵机一动，就会产生许多点子。点子是经过思维碰撞、智慧对接产生的解决问题的主意。创新好点子就是好创意。岗位创新精神需要员工想点子，出创意。一个好创意不需要天才，只在于我们不模仿别人，不墨守成规，敢于突破自我。

1. 标新立异，好创意就得与众不同　／146
2. 独出心裁，不按常理出牌　／149
3. 另辟蹊径，从别人想不到的地方入手　／153
4. 不破不立，先颠覆再重构　／156
5. 保持好奇，用好奇心激发非凡创意　／159
6. 独特创意让岗位创新精彩无限　／162

第七章　融入团队，团结合作塑造人人参与的创新文化

> 团队是合作的最高形式，企业真正需要的是既有创新精神又富有团队意识的人！实践证明：一个员工只有努力加强自己的团队意识，发挥合作的力量，才能激发出"与团队共命运"的荣辱感，才能更好地去完成自己的创新工作，帮助企业赢得更大的胜利。

1. 创新文化是岗位创新的土壤　／166
2. 巧妙沟通，在互动中寻找创新灵感　／169
3. 集思广益，三个臭皮匠顶个诸葛亮　／171
4. 建言献策，为企业提供合理化建议　／174
5. 共同创新，团结起来力量大　／178
6. 建立创新奖励机制，鼓励人人创新　／180

目录 Contents

第八章　与时俱进，让互联网为岗位创新注入全新活力

> 与互联网紧密相连是企业发展的方向，更是企业的未来。互联网背景下，阿里巴巴是创新，小米是创新，滴滴是创新，"互联网+"是创新，线上线下的融合也是创新，B2B、C2C、O2O 无一不是创新。这个时代就是创新的时代。在这样的时代里产生的创新离不开互联网思维。

1. 万众创新时代，岗位也需要"创客"　/ 186
2. 激发学习热情，融入互联网创新时代　/ 189
3. 与时俱进，掌握互联网创新思维　/ 191
4. 创新进取，一切以用户为中心　/ 195
5. 专研数据分析，把互联网当作创新的工具　/ 199
6. 树立个性标签，创新特色产品　/ 202

附录：创新意识小测试　/ 205

第一章

立足本职工作，每一个岗位都是创新的舞台

　　岗位创新精神体现了公司员工在变化中求生存，在变化中求发展的不懈追求和努力。企业必须以变应变，在创新中不断前进。不管是在哪个企业、哪个员工，都要接受环境不停变化的事实，都必须意识到：我们面对的未来世界，不是一个故步自封的世界，而是一个充满竞争的世界，只有做好岗位创新才能立足长远。

1 工作是机会，创新是使命

创新是一个非常古老的词，意思是更新、制造新的东西或改变。现代企业意义上的"创新"一词诞生于1912年，是由美国经济学家熊彼特在其出版的《经济发展理论》一书中提出来的。他的创新理论包括下列几种情况：

（1）开发新产品或改造原来的产品；
（2）运用新的生产方法，例如将手工生产变为机械生产；
（3）发现新的市场；
（4）发现新的原料或半成品；
（5）创建新的产业结构。

很多人把创新与创造混为一谈，其实创新与创造是有一定区别的。创造是从无到有，"造"是与"无"相对应的，而创新是从有到优，"新"是与"旧"相对应的。创新强调在已有了很多东西的基础上，求新求优。从某种意义上来讲，创造是创新的原始摹本。

对于社会市场以及企业而言，创新的结果是新产品、新方法、新市场、新原料来源和新的组合。创新虽然依赖原创技术、自主产权的发明和基础理论的革新，但重点则在优化组合，突出一种新的功能或新的理念。

★★★★★

2015年4月，小米公司创始人雷军趁2015年"米粉节"

第一章
立足本职工作，每一个岗位都是创新的舞台

的序幕，宣布五大新品登陆小米网，包括小米 Note 女神版、红米手机 2A、55 英寸小米电视 2、小米体重秤以及小米插线板。没想到最吸引眼球的居然是插线板。插线板是极简单的产品，每个人的家中或多或少都有那么几个。市场上插线板的品种数量甚至达到上百个，不仅单品价格低全靠走量，而且可以称之为品牌的少之又少，用户对于插线板的接受程度仅仅是一个电源插口的延伸工具而已，所以这是一个绝对红海的市场。小米如何颠覆一个不太起眼的插线板？

为什么吸引眼球，一是美观的工艺。纤巧身材，仅铅笔盒大小。但配备三个 USB 智能充电插孔、三组带安全门国标插孔，无焊点一体成型，内建过载保护开关，750°C 阻燃，外观很漂亮。二是全新的功能。小小的插线板上创造性地搭配了三个 USB 插孔，免去了用户为设备充电时臃肿的充电头，这满足了大多数用户对实用性的需求，也是其他插线板所没有的功能。三是雷军提出了一个全新的概念，以前出差出门携带的都是各种充电器，而以后只要带一个小米插线板再配合数据线就可以完成所有充电需求，这满足了用户装酷的心理。四是价格合理，只需要 49 元！所以这个小小的插线板仅在 4 月 8 日米粉节这一天就卖出了 24.7 万个，这是很多插线板凑一起一年都不敢想象的数量。这就是一个普通的插线板经过创新的结果！

★★★★★

一般人理解的创新推动历史，往往指印刷术、蒸汽机、互联网这些大进步，其实，大多数的创新没有那么划时代，微小的创新、小小的改进，都会对我们的生活带来改变，都会让我们的社会变得不一样。创新具有多个侧面，根据所强调方面的不同，创新也会有不同的定义。有的东西之所以被称为创新，是因为它改善了我们的生活质量；有的是因为提高了工作效率或巩固了企业的竞争地位；有的是因为对经济具有根本性的影响。但创新并不一定非得是全新的东西，旧的东西以新的形式出

员工岗位 创新精神

现或以新的方式结合也是创新。创新也不一定非是一件物品，它也可以是一种无形的东西。例如，IBM（国际商业机器公司）的财务人员发明了商业票据，绕过了银行的"马奇诺"防线，引起了一系列的金融创新。可见，创新是广泛存在的。伟大的创造和变革是创新，小小的改进和变化也是创新。创新不分大小，有新的想法、新的理念、新的改变、新的产品或者新的方式都是创新。

创新无处不在，创新无时不在，创新是一个企业发展的核心动力，是一个国家兴旺发达的关键推力，更是一个民族进步的灵魂，一个社会发展的基石。创新不仅改变生活，改变企业，更改变时代。

★★★★★

互联网时代的到来就是创新最经典的实例。20世纪40年代以前，世界上还没有电子计算机，但随着现代科学的发展，人工计算已经远远不能满足科技上的大量计算和快速计算的需求，这促使一些科学家去研究一种既能够代替人的重复劳动，又能提升计算效率的电子工具——电脑。一部电脑的发展史就是一部不断创新的历史：从庞大的低性能电脑到可以随身携带的笔记本电脑、从只能单纯计算数字的功能到今天的无所不能，电脑发生了质的变化，其功能扩展到了社会生活的一切方面，特别是在互联网时代，电脑已经成为每一个人生活和工作的必需品，给整个人类带来了难以想象的方便和快捷。

这一切都是创新的结果。苹果公司对于电脑的小型化创新使其成功地走进千家万户甚至随身而行，微软的创新不仅使微软成为世界上最伟大的公司之一，也使电脑的操作简便到人人可以使用，而互联网的发展更是使电脑成为了现代社会一个无所不能、不可或缺的最广泛使用的现代化工具！

★★★★★

不仅仅是电脑、互联网，在工业、农业、种植业、加工业……在人们生活、工作和学习的方方面面，无一不是创新带来了巨大改变。可以说，人类现在拥有的一切，都出自创新之手，都是从创新中而来的。是创新带来了一切，创新改变了一切。

创新很重要，但也并非高深莫测，岗位中创新无处不在。很多人把创新当作一件很神秘的事情，他们所缺乏的就是创新精神，没有把创新与日常工作结合到一起。以至于有很多人错误地认为创新与自己无关，自己根本无法进行创新。如果我们能够正确认识创新就会发现：凡是热爱工作和生活的人都可以参与创新。创新的真谛在于我们对工作对事业的挚爱，在于我们平常工作中坚持不懈、百折不挠的探索实践。

作为企业的一员，员工需要通过创新来体现自己的人生价值，企业需要通过员工的创新来提高竞争力，提升企业实力。员工是企业的主体，既是产品的生产者，财富的创造者，也是现场的管理者，问题的改进者。员工有思想、有头脑、有抱负、有昂扬向上的进取心，每一个小小的工作岗位都将是创新的大舞台。无论是百人小企业，还是万人规模的大企业，每个员工在各自工作岗位上的创新，就可为企业解决大问题，产出大效益。所以，创新不仅是企业发展的动力，更是每一个员工的使命。

现代企业面临着残酷的市场竞争，每个企业领导都感到了市场的压力。然而，有些员工并没有感受到压力或感到压力不大。如果把市场压力施加到每个员工身上去，员工一定会想办法解决这个问题，这就需要创新，而这个创新正是企业最需要的。如果每个人都来动脑子、都来创新，这对企业来说是一笔非常大的财富。对员工而言，具备创新能力，将成为企业急需的宝贵财富；在员工的创新活动为市场提供价值的同时，创新也让员工实现了自身价值。由此可见，创新对于企业和员工都十分重要，是企业和员工的共同使命。

员工岗位 创新精神
Yuangong Gangwei Chuangxin Jingshen

2 企业需要有岗位创新精神的人

创新精神是一种勇于抛弃旧思想旧事物、创立新思想新事物的精神。例如：不满足已有认识（掌握的事实、建立的理论、总结的方法），不断追求新知；不满足现有的生活生产方式、方法、工具、材料、物品，根据实际需要或新的情况，不断进行改革和革新；不墨守成规（规则、方法、理论、说法、习惯），敢于打破原有框框，探索新的规律、新的方法；不迷信书本、权威，敢于根据事实和自己的思考，向书本和权威质疑；不盲目效仿别人的想法、说法、做法。

不人云亦云，唯书唯上，坚持独立思考，说自己的话，走自己的路；不喜欢一般化，追求新颖、独特、异想天开、与众不同；不僵化、呆板，灵活地应用已有知识和能力解决问题……都是创新精神的具体表现。

创新精神是科学精神的一个方面，与其他方面的科学精神不是矛盾的，而是统一的。例如：创新精神以敢于摒弃旧事物旧思想、创立新事物新思想为特征，同时创新精神又要以遵循客观规律为前提，只有当创新精神符合客观需要和客观规律时，才能顺利地转化为创新成果，成为促进自然和社会发展的动力；创新精神提倡新颖、独特，同时又要受到一定的道德观、价值观、审美观的制约。

创新精神提倡独立思考、不人云亦云，并不是不倾听别人的意见、孤芳自赏、固执己见、狂妄自大，而是要团结合作、相互交流。创新精神提倡胆大、不怕犯错误,并不是鼓励犯错误,只是强调犯错是科学探究过程中不可避免的;创新精神提倡不迷信书本、权威,并不反对学习前人经验,任何创新都是在前人成就的基础上进行的;创新精神提倡大胆质疑,而质疑要有事实和思考的根据,并不是虚无主义地怀疑一切……总之,要用全面、辩证的观点看待创新精神。

作为现代企业的新型员工,创新精神是必备的素质之一。只有具有创新精神,我们才能在未来的发展中不断开辟新的天地,才能与时俱进,敢为人先,为企业和为岗位创造新的奇迹。

行成于思。我们的行为取决于我们的思想,必须先有创新的思想,才有可能有创新的行动。任何思想都是人们在某一特定时空下的产物,随着时间的推移和客观条件的变化,思想就应时时更新,与时俱进。

德国著名作家歌德说:"一个人不断变革创新,就会充满青春活力;否则,就可能会变得僵化。"

杰克·韦尔奇在担任通用电气公司的 CEO 期间,经常对员工们说的一句话:"要把每一天都当作你参加工作的第一天,以崭新的视角审视你的工作,进行任何必要的、有利的改进。这样,你才不会因循守旧。"由此可见,那些在工作中能寻找更有效的方法、不断创新的员工,才是企业最欢迎的员工。许多知名企业的起死回生与不断发展壮大,都是因为拥有了一批敢于创新的优秀员工。

★★★★★

"大家认为小米的成功,就是因为小米的市场营销、推广做得好,我觉得这其实是对小米最大的一个误解。"小米联合创始人、小米总裁林斌,这样定义小米的成功:"其实从创办第一天起,小米要做的就是一家科技公司,小米的成功,就是因为有一大批敢于创新、乐于创新的工程师。"

"小米的产品研发周期特别长,一部手机的研发是 12 ~ 18 个月。"林斌说,这个时间在很多手机公司来看可能都觉得太长了,但事实上,在过去几年,包括小米与处理器、屏幕、相机等厂商合作,涉及的很多算法优化,甚至在具体功能上,从

员工岗位 创新精神

系统成件到相机功能调节,都是小米工程师深度参与其中和厂商共同去做。

边缘触控就是一个例子。林斌说,小米"边缘触控"的专利技术主要在于通过对屏幕构造进行精密的技术改进,以及复杂的程序算法,当用户使用小米手机4C,开启"边缘触碰"功能后,边框能够识别手指的触碰动作。例如,拍照时只需轻点边框即可按下快门,浏览网页只需双击边框即可返回上一页,除此之外还有截屏、快速清理内存等快捷操作。这些都是最具有创新精神的研发团队的杰作。

小米最新推出的分体式电视机,林斌透露这也是团队创新的结果,从每个元器件、整个设计开始,一步步做出来,"其实分体设计从传统理念来讲还是很创新的,尤其把电视功能和音响整合,这个产品的原理非常创新,至少在业界小米是第一家。"

★★★★★

小米的成功就在于它持续不断的创新和庞大的创新团队。

实际上,在许多现代企业中,创新的团队都是企业的"标配"。像格力,有多达5000多人的研发团队,华为则更多。很多老板都会鼓励员工在工作方法上进行创新,对那些卓有成效者进行提拔和奖励;即使你的工作并未取得理想的效果,老板多半也不会责怪你。因为一个勇于创新的人,要比那些墨守成规、不思进取的员工更能为公司创造价值。所以,每一名员工在工作中都应打破思维的桎梏,别让传统的观念封住自己的心门,要去尝试各种途径,积极主动寻找解决问题的有效方法,培养自己的创新精神。

那么,如何才能培养自己的创新精神呢?

第一,保持你的好奇心。因为好奇心是创新的源头之一。谁要是不再有好奇心,那么他创新的眼睛就是模糊不清的。

★★★★★

牛顿少年时期就有很强的好奇心,他常常在夜晚仰望天上的星星和月亮。星星和月亮为什么挂在天上？星星和月亮都在天空运转着，它们为什么不相撞呢？这些疑问激发着他的探索欲望。后来，经过专心研究，终于发现了万有引力定律。

★★★★★

能提出问题，说明在思考问题。在学习过程中，自己如果提不出问题，那才是最大的问题。好奇心包含着强烈的求知欲和追根究底的探索精神，谁想在茫茫学海获取成功，就必须有强烈的好奇心。

★★★★★

爱迪生一生的创造发明有2000多项，是世界上至今发明创造最多的科学家之一。他之所以能够获得如此多的发明创造，与他的好奇心、爱思考有密切关系。在他小时候，他看到母鸡孵小鸡感到非常好奇，到处向别人请教这是什么道理。当他听到孵蛋是以体温孵化的，他竟好奇地做了一次实验：在邻居的仓库里做了一个"窝"，在"窝"里放了几只鸡蛋，自己趴上去"孵"，一连"孵"了好长一段时间，以致成为远近人人皆知的一个大笑话，许多人都笑他是个"傻瓜"，他们做梦也不会想到，这种好奇的天性便是科学发明最重要的因素。

★★★★★

正如西方谚语："好奇是研究之父、成功之母。"好奇是求知的萌芽，是创造的起点，科学的发明和创造很大程度上起因于发明创造者好奇的个性。

所谓好奇心，指的是人们对新异事物进行探究的一种心理倾向，也是人们对不了解的事物所产生的一种新奇的感受和兴趣。

好奇心人皆有之，所以有人说它是人的天性。不过，对于追求成功所需要的好奇心，不只是一般的感官上的新奇刺激，而是包含着对巨大成功的追求与渴望，体现着对未知事物的探索与研究。当这种好奇心与实事求是的态度、坚持不懈的探究结合在一起的时候，就会取得某些重大的突破。反之，一个人如果墨守成规，对周围的一切丧失好奇与兴趣，那么他就无法在成功之路上阔步前进，甚至成功已经触手可及，也

员工岗位 创新精神
Yuangong Gangwei Chuangxin Jingshen

不知道去捕捉。

★★★★★

发明世界上第一架飞机的美国人莱特兄弟，孩提时代就怀有强烈的好奇心。一次，不满十岁的兄弟俩看到一轮明月挂在树梢，出于好奇，他们竟想从树梢上把月亮摘下来。最后，其中一个摔坏了脚，另一个划破了衣服。他们的父亲得知后，非但没有动怒，反而循循善诱："太有意思了，月亮是该仔细看看。可是它离树梢还远得很呀！得制作一只大神鸟，坐上它飞到天上去，才有希望摘到月亮……"正是由于这位父亲善于把兄弟俩的好奇心引向应该注意的"大神鸟"上去，才有后来他俩发明飞机的成功之果。

乔治·威斯汀豪斯是美国西屋电器公司的创办人。西屋电器公司在乔治·威斯汀豪斯的精心经营下，由他一个"光杆司令"起家，逐步发展壮大，不久便成为美国著名的大企业。

乔治·威斯汀豪斯的事业成功也在于他具有极强的好奇心，有一种"打破沙锅问到底"的精神。正因为有这种个性和精神，他在企业经营中获得了361项发明专利。所以，有人说乔治·威斯汀豪斯既是企业家，又是个发明家。他在一切经营活动中注意观察，善于寻根问底，结果带来了许多发明专利；反过来，乔治·威斯汀豪斯又以自己的发明使自己的企业赢得竞争的优势，使本企业的生产技术和产品在同行业中处于领先地位，获得与众不同的好效益。

有一次，他乘火车出差，没想到火车误点五个多小时。旅客们怨气十足，纷纷向站务员询问误点原因，后来才知道火车在中途与另一列车相撞，致使交通中断。

据此，很多旅客决定改乘汽车。但乔治·威斯汀豪斯却与众不同，他好奇地跑去问站长，为什么会产生火车相撞的问题。站长说："我也不清楚，可能是交通信号出了问题吧！"

乔治·威斯汀豪斯对站长的回答很不满意，又跑到警察局

第一章
立足本职工作，每一个岗位都是创新的舞台

去查询，他知道了真正的原因——火车刹车失灵。

到了这步，乔治·威斯汀豪斯应该掉头就走，也去改乘汽车。但他仍不满足，又好奇地去追问：刹车为什么会失灵呢？几经周折，他终于搞清楚了当时火车的刹车方法：在每节车厢都设有单独的刹车器，每一刹车器均需几名刹车工专门负责。当火车要停下来时，每节车厢的刹车工就同时拉刹车器，然后使火车慢慢停下来。可是每个人的反应有快有慢，所以刹车工在听到命令时，根本不可能把每节车厢同时刹住，因而车厢与车厢间每每发生撞击，严重的则常因刹车器失灵而发生两列火车相撞事件。

乔治·威斯汀豪斯从此事开始思考，他亲自到火车上观察有关情况，甚至找刹车工了解情况，他终于得到一个结论：如果能够改良火车的刹车系统，撞击与相撞的事件必将大大减少，自己也可获得一个生财的机会。

乔治·威斯汀豪斯经过反复研究，与专家和火车工作人员商量，终于研究出解决上述难题的办法，把刹车权改由火车司机掌握，在司机驾驶室设刹车器，把每节车厢刹车工人取消。这一改进果然很好，被全美火车系统采用了。

不久，他又利用压缩的空气为动力，发明了性能卓越的空气刹车器，把它安装在每节车厢下，枢纽就在司机身旁，只要拉开气门枢纽，可以很轻易地就把火车刹住了。这一空气刹车器成为19世纪最伟大的发明之一，也是乔治·威斯汀豪斯一生最得意的发明。这一发明，为西屋电器公司带来了巨大的经济收入。

★★★★★

强烈的好奇心最易产生奇迹。美国心理学家曾经对数百名杰出科学家进行调查研究，发现这些科学家都有强烈的好奇心，对事情喜欢追根究底。另外一些心理学家在分析科学家的性格特征时，也发现他们都具有好奇心、恒心和独立性的精神。我们观察现代企业中那些成功的人士，有一部分人他们少年时的生活环境都不太好，生长在贫穷的家庭，

员工岗位 创新精神

读书不多，有的甚至小学一毕业就做学徒、佣工。他们之所以成功，正是因为他们有强烈的好奇心和坚韧不拔的执着精神，几经艰辛才得以成为某一产业、某一领域的佼佼者。

一个人如果对什么事情都无动于衷、熟视无睹，便难以敏锐地捕捉成功的机遇。在这方面，即使是名闻天下的科学家，有时也会因缺乏好奇而与重大的发明或发现擦肩而过，从而后悔莫及。

★★★★★

德国有机化学之父李比希，从海藻中提取碘时曾碰到一种奇怪的现象，就是在最后的母液中总沉淀着一层有刺鼻气味的液体。对这一奇怪的现象，李比希缺乏好奇心，因此没有做深入一步的研究。他随手在这个瓶子上贴了"氯化碘"的标签，就算定论了。

法国青年波拉德对上述现象却十分好奇，他为此进行了大量的分析研究，最后发现这种刺鼻的沉淀物是一种新元素——溴。波拉德发现溴之后，李比希十分后悔，因为他完全可以在波拉德之前取得这一名标史册的巨大成功。为了吸取教训并改掉自己随便下定论的毛病，李比希特意把那张"氯化碘"的标签贴在床头上，以提醒自己今后不要丧失应有的好奇心。

物理学家约里奥·居里也有类似的教训。他曾用 a 粒子轰击元素铍，结果发现一种很强的射线。可惜，居里对这种射线没有产生什么好奇，主观断定它只是一种普通的 γ 射线。后来，年轻的核物理学家查德威克知道这个现象后，却满怀好奇与疑问。他经过进一步分析和研究，大胆指出：居里发现的所谓 γ 射线，其实就是中子。为此，好奇的查德威克获得了诺贝尔奖。当居里得知这件事后，深为惋惜地说："我真蠢哪！"约里奥·居里用一个"蠢"字来指责自己丧失科学的好奇心，说明这种教训是极其深刻的。

★★★★★

爱因斯坦说过："我没有特殊的天赋，我只有强烈的好奇心。"可以这样说，好奇心是探照灯的光柱，它永远把探索的光芒投向成功的目标。对渴望成功的人来说，永不满足的好奇心可以引导他们去不断追求新的成功目标。事实证明，只有那些具有强烈的好奇心与求知欲的人，具有独立性和自主精神的人，具有怀疑和冒险精神的人，以及兴趣广泛、知识面广的人，才会眼光敏锐，思维活跃，才能采撷到丰硕的成功之果。那么，怎样保持自己的好奇心呢？

第一，对所学习或研究的事物要有怀疑态度，不要认为被人验证过的都是真理。许多科学家对旧知识的扬弃，对谬误的否定，无不是自怀疑开始的。

伽利略对亚里士多德"物体依本身的轻重而下落有快有慢"的结论的怀疑，发现了自由落体规律。怀疑是发自内在的创造潜能，它激发人们去钻研，去探索。对课本我们不要总认为是专家教授们写的，不可能有误。专家教授们专业知识渊博精深，我们应该认真地向他们学习。但是，事物在不断地变化，有些知识现在适用，将来不一定适用，而且，现在的知识不一定没有缺陷和疏漏。老师不是万能的，任何老师所传授的专业知识不能说全部都是绝对准确的。对待我们所学习或研究的事物应做到：不要迷信任何权威，应大胆地怀疑。这是我们创新的出发点。

第二，对所学习或研究的事物要有追求创新的欲望。如果没有强烈的追求创新欲望，那么无论怎样谦虚和好学，最终都是模仿或抄袭，只能在前人划定的圈子里周旋。要创新，我们就要坚持不懈地努力，勇敢面对困难，要有克服困难的决心，不要怕失败，相信失败乃成功之母。

第三，对所学习或研究的事物要有求异的观念，不要"人云亦云"。创新不是简单的模仿。要有创新精神和创新成果，必须要有求异的观念。每个人都是社会的一员，因此难免会受他人影响。虽然说组织中的每个成员不一定都是同一种类型，但在同一公司中的人通常会有一种"必须这样做"的约束。当遇上一些自己无法理解的做法时，人们往往会用"大家都这么干，我也只要照办就可以了"这样一种轻松的理由来说服自己，这就难免走进因循守旧的死胡同。事实上，每个人都有各自的特点，对于同一件事，你可以按自己的方式来处理，这比强求一律的方式要好得多。求异实质上就是换个角度思考，从多个角度思考，并将结果进行比较，求异者往往要比常人看问题更深刻，更全面。

第四，对所学习或研究的事物要有冒险精神。创造实质上是一种冒险，因为否定人们习惯了的旧思想可能会招致公众的反对。冒险不是那些危及生命和身体安全的冒险，而是一种合理性冒险。大多数人都不会成为伟人，但我们至少要最大限度地挖掘自己的创造潜能。

第五，对所学习或研究的事物要永不自满。一个有很多创造性思想的人如果停止思考，或已习惯了一种成型的思想而不能产生新思想，结果这个人会变得自满，停止了创造。

创新是一个国家兴旺发达的不竭动力，是一个民族进步的灵魂，更是一个企业生存发展的关键。企业最需要的就是具有创新精神的员工。身处于这样的时代，面对新的历史使命和发展机遇，每一名员工都要培养自己的创新精神，在工作中充分发挥自己的想象力和创造力，打破旧的思维及行为模式，走上创新之路。这样，才能赶上迅速前行的时代列车，使自己的事业兴旺发达。

3

岗位不分贵贱，人人皆可创新

说起创新，或许有人认为创新很神秘，创新是专家、技术人员干的事；觉得自己又不是搞技术的，做的工作普通又平凡，没有创新的可能，根本沾不上"创新"的边。其实，创新不仅仅是科研领域、科技人员的专利。创新可以是对工作的改进，可以是对效益的提升。即便是普通员工，平凡岗位，因为身处一线，对设备、生产等各种情况十分熟悉，实践经验丰富，同样有着自身的创新优势。比如，纺织工无疑是平凡的，但英国纺织工人詹姆斯·哈格里夫斯在长期的生产过程中，不断总结经验，发明了举世闻名的珍妮纺纱机。他的这项创新成果，不仅对提高纺织效率起到了重要作用，而且，在英国工业革命的进程中都占有一席之地。

也有人认为自己从事的工作比较简单，不具备高技术性的特点，可创新的地方不多。这种观点也过于偏颇，创新能否成功，不在于工作是否简单，而在于创新有没有价值，对公司发展有没有帮助。比如，有一家从事楼房公寓出租的公司，一段时间用户纷纷反映，等电梯时间比较长，要退租搬走。公司十分着急，请教了有关专家，要改造电梯至少要几十万美元。正在公司为难之际，有个员工提出可在电梯间装上一面镜子，让用户在等电梯时照一照镜子，整理一下自己，就不会觉得时间长了。公司照此办理，果然很有效，用户再也没提过意见。这一创新是很简单的，可意义却是不简单的。

可见，在每一个领域、每一种工作中，创新都大有可为。创新不在于工作的性质、职务的高低、岗位的差别，而在于对工作的热爱，在于有没有立足岗位创新的志向。能不能把你从事的工作钻透？肯不肯花大力气去研究？在一个单位里，不可能所有人都去搞科研。大多数员工从事的工作都是平凡而普通的，但平凡并不意味着就不可能取得成就。要想有所成就，就应该认认真真做好自己的工作，坚持不懈地钻研探索，就会有所发现，有所创新，并取得成功。

★★★★★

说到"人人皆可创新"，大家可记得被誉为"全能士官"的宗道辉。当宗道辉成功打破全军某新装备不能编队飞行的"禁区"时，曾有专业杂志评价说："在我军历史上，因为一个兵的贡献而使一件装备列装全军，这是绝无仅有的。"当初，有些人曾心存误解，认为士官"撑破天立个功，干到底是个兵"。宗道辉不为所动，终于以普通一兵的身份成为全军

员工岗位 创新精神
Yuangong Gangwei Chuangxin Jingshen

驾驶某新型装备成功飞越琼州海峡的"第一人"。人们为之惊讶、赞叹。但是，他们可能不知道，宗道辉16年如一日，从实战需要出发，熟练掌握了擒拿格斗、多能射击、武装泅渡等18项主要特种技能；先后跳伞600多次，掌握了六种机型、八种伞型和多种复杂条件下的伞降技能。除此之外，他还熟练掌握了某新型装备的飞行技术，相继填补了这一新装备导航、照明、通信、改进油路等多项空白，创造了长距离、超低空、全天候等7项"飞行之最"。

宗道辉入伍时只有初中文化程度，为了用知识武装自己，他掏出全部积蓄三万元，添置了电脑、摄像机、照相机，购买了大量专业书籍，报名参加了大专函授班。他先后学习了空气动力学、气象学等飞行理论知识，掌握了驾驶、侦察、摄像等多种技能。在操作新型装备的过程中，宗道辉经常碰到英文版的操作维护说明书，感到每次找人翻译不是个办法，于是又加班加点地学起了英语。如今，他已基本能看懂英文说明书。

★★★★★

宗道辉的成功说明：创新没有高低之分，只要坚持学习，无论专业人员还是非专业人员，人人皆可创新。著名教育家陶行知先生说过："处处是创造之地，天天是创造之时，人人是创造之人。"只要立足本职，人人皆可创新。我们不要局限创新的框架，从企业运作的每个环节都可以找出创新的地方：重大技改是创新，小改小革也是创新；开发新产品、推行新工艺是创新，改进操作方式、提高工作效率、改善服务质量也是创新；改进方法是创新，推广和运用新方法也是创新。

创新并不神秘。有时可能是脑中灵光一现，或是火花一闪，一个点子或创意就此诞生。但这样的灵感或是创意火花绝非上帝的赐予，而是需要自己去思考、去想象、去实践，把创新放在心上，灵感才会来到。

★★★★★

在日本，某味精公司的社长对全体工作人员下达了"成

第一章
立足本职工作，每一个岗位都是创新的舞台

倍地增长味精销售量，不拘什么意见都可以提，每人必须提一个以上建议"的命令。一时之间，大家纷纷提出销售奖励政策、引人注目的广告、改变瓶装的形状等方案。

然而，其中一个女工却为自己提不出任何建议而苦恼不已。她本想以"无论如何也想不出"为由而拒绝参加，但考虑到这是社长的命令，并且言明不拘什么建议都可以，所以她觉得拿不出建议有些说不过去，只能绞尽脑汁拼命想。

这天晚上吃晚饭时，她想往菜上撒调味粉，由于调味粉受潮而撒不出来，她的儿子不自觉地将筷子捅进瓶口的窟窿里，用力往上搅，于是调味粉立时撒了下来。

在一旁看着的女工眼睛一亮，突然发现这也不失为一个好提案，于是她就把味精瓶口扩大一倍的提案交了上去。

审核的结果出人意料。女工提出的建议竟进入 15 个得奖提案之中，领得奖金 3 万日元。此提案付诸实施后，销售额倍增，为此，女工又破例从社长那里领取了特别奖。

★★★★★

创新不是极少数人的特异禀赋。人们往往把创新想象得太高深、太神秘、太复杂，因而阻碍了他们的创新。因此，我们首先需要明确，创新并不只是某些行业的专利，也不是超常智慧的人才具有的能力。人人皆可以创新，人人皆可以成功。

对于广大职工而言，岗位就是我们的舞台，无论是一线工人，还是小组长、班长、医生、教师、乘务员、建筑工……每个岗位都是施展自己才华和体现人生价值的舞台。有一句广告词说："心有多大，舞台就有多大。"对于职工而言，也是这样，心有多大，舞台就有多大。只要你愿意去想去做去努力去奋斗，尽心尽职，力争做到最好，做到极致，你有多大的想法，你创新的舞台也就会有多大。

★★★★★

2007 年 2 月 27 日，北京人民大会堂，国家科学技术奖授奖大会在这里隆重举行。

员工岗位 创新精神

在这个科技精英荟萃的大会上，一位普通工人走上了领奖台，接过了国家科技进步二等奖的奖状。他叫王洪军，是一汽集团一汽—大众有限公司钣金整修车间工段长，他成为首批获得国家科技进步奖的两位工人之一。

"我没有想到能得到这么高的荣誉，我只是在平凡的岗位上搞了一些发明和创新。"王洪军谦逊地说。

可就是这些在平凡岗位上的发明创新，让许多外方的专家都赞叹不已。大众公司的一位德方经理迈特这样评价王洪军："他的创新精神值得我们学习，他是我见过的大众集团全球范围最优秀的工人。"

王洪军在钣金整修这一岗位上已经整整工作了近20年。钣金整修是对压模和装运过程中车身上出现的缺陷进行修复。"钣金整修工作是很苦很累的，噪音大，粉尘也大。到了夏天，一动就是一身汗。"王洪军的工友这样描述他们所从事的工作。

由于车身上的每个缺陷形状都不一样，位置也不一样，因此，没有一个万能的工具。以前，一汽使用的整修工具完全是从德国进口的，一套工具就得五万元左右，价格高不说，品种很不齐全，有些缺陷根本无法修复。为了让车身修复达到理想的效果，王洪军开始想办法自己制作工具。

王洪军试探制作的第一件工具是修理车身侧围和顶盖的钩子。他边查找资料边不断尝试调整。经过一个多月的努力，几十次试验，终于试制成功了一套钣金修理的钩子。这个钩子投入使用后，效果非常好，大家都说使起来顺手而有效。

从此，王洪军对制作工具着了迷。白天在工厂修复车身，晚间就琢磨制作工具，然后再拿到现场反复调整。他制作的工具技术含量也越来越高，由Z形钩、T形钩等单件工具，到多功能拔坑器等组合工具。

十几年来，王洪军共制作了40多种2000多件工具，满足

第一章
立足本职工作，每一个岗位都是创新的舞台

了多种车型各类缺陷的修复要求，使整车质量、生产节拍都有了很大提高。

有人说，在技术创新方面王洪军是"软硬兼施"，硬的方面是发明工具，软的方面则是探索新的方法。

王洪军在发明制作工具的同时，又开始着手探索快捷有效的钣金整修方法。他的工友们回忆说："那时候，他整天抱着十几斤重的高频打磨机，在废车身上练习，手磨破了，臂划伤了，都不在乎。"

经过反复实践，王洪军逐渐摸索出了手感检查车身的独特检查方法，并总结出了凹坑、死点坑、边缘坑、弧面坑等不同缺陷的整修方法，他把自己掌握的整修技能和研制的一些先进方法和技巧进行整理、归类，创造出了47项123种非常实用又简捷的轿车车身钣金整修方法。

当他用自己创造的方法修复了被德国专家认定不能修复的车身时，德国专家惊讶了，亲自动手将修复处解剖、分解成六七段，反复检查，发现完全符合要求。但德国专家还是心存疑虑，又让一汽—大众质保部门使用仪器对其进行全面检测，发现钢板厚度、结构尺寸等都完全合格。德国专家彻底折服了。方法积累得多了，王洪军整理出版了《王洪军轿车车身维修调整方法》一书。

2003年年初，大众公司从德国进口了一批新车身，有1700多台"白车身"后轮罩靠近后门锁处存在表面缺陷。外国专家认为无法修复，建议聘请国际知名的荷兰专家，但修理费用需要400多万元。公司领导找到王洪军，希望他能攻克这道难关。王洪军一天一夜没合眼，翻阅了大量资料，一个方案一个方案地推敲。他组成了攻关小组，在报废车上反复试验，最后，终于找到了解决方法。苦干了近一个月，1700多台"白车身"全部修复合格。

在为公司创造巨大经济效益的同时，王洪军还利用自己的

员工岗位 创新精神
Yuangong Gangwei Chuangxin Jingshen

手艺服务于社会。他的业余时间排得满满的，经常义务为用户修车。谁的车有毛病，找到他，他二话不说，有求必应，一年下来义务修车几百台。

★★★★★

经济全球化日益深化的今天，自主创新能力决定着一个国家、一个民族的进步与否，决定着一个企业的生存与发展。企业只有增强创新能力，才能增强市场竞争力，才能实现又好又快的发展。

员工是企业的主体，也是增强企业自主创新能力、建设创新型企业的主力军。企业在进行创新活动的过程中，不仅要靠科技工作者的研究探索，而且更多地要依靠广大职工在本职岗位的创新，充分发挥广大职工在提升企业自主创新能力，推动创新发展中的主力军作用。作为企业中的一员，不要总认为创新是科技人员的事，与我关系不大；我的工作压力很大，没有时间搞创新；我做好本职工作就可以了，搞不搞创新无所谓；创新风险太大，如果失败太丢脸，这些想法要统统丢掉。要抛弃墨守成规的惯性心理、瞻前顾后的畏难心理、不思进取的惰性心理、与己无关的漠然心理、故步自封的闭塞心理，大胆探索，锐意创新，把小小的岗位作为自己大展拳脚的创新舞台，革新技术，创新发明，为自己成才、为企业发展奋发努力。

4

一流员工善于创新，末流员工故步自封

优秀的员工总是在遇到问题时首先想到创新、找方法，因为只有这样，才能够在工作中取得更大的成绩，才能为企业带来丰厚的利润，才

能奠定自己不败的职场地位。因此，积极创新的员工才会前程似锦。故步自封的员工，最终将被淘汰。

★★★★★

在一个古老的村庄，所有的村民都靠着当地盛产的核桃为生。每到秋天，漫山遍野的核桃都会给村民们带来巨大财富。每年秋天村民们也就忙碌了起来。

村民们就像是和时间赛跑，因为谁的核桃先上市谁就会卖一个好的价钱，所谓"物以稀为贵"。等市场上已有许多的核桃之后，价钱就会降低了。于是人们在采集核桃时都争先恐后，采完之后也迅速返回家中，将采回来的核桃按大小、好坏分成不同的等级，再分装好，马不停蹄地沿着乡村公路拿到集市上去卖。

时间长了，许多人都发现一个奇特的现象。村里的人最快的永远是杰克，任何人都无法超越他，人们无论怎么努力也都只能抢到第二，而且第二的人拿着核桃去卖的路上就可看见杰克推着空车回来了。

十几年下来都是如此。人们感到非常困惑："一定是有什么捷径吧！为什么他总是可以遥遥领先呢？"村民们想了许久，终于想到一个办法能揭开谜底。这天，他们热情地邀请杰克去餐馆吃饭，说是为了庆祝其中一个人的生日，杰克不知是计，欣然前往。席间，几个村民频频给杰克敬酒，其中一个对他说："杰克，你知道吗？我一直都很欣赏你，每次赶集你总是第一，我一定要敬你一杯。"刚喝完，另一个接着又说："杰克，难得我今天过生日，你百忙之中抽时间来为我庆祝，我一定要敬你一杯。"

杰克很快就感到头晕晕的，也就大方地跟几个村民开怀畅饮起来。村民们见时机已到，就开始试探他每次都拿第一的秘诀，杰克闭着眼，笑呵呵地说："我哪有什么捷径啊！只不过是我不用花时间去分我的核桃，你们在分的时候，我就已经上

员工岗位 创新精神

路了,你们分好时,我就开始在集市卖了啊!"村民更纳闷了:"为什么你不用分类,那样不是很亏吗?"杰克笑着回答:"我在山上摘完之后,就尽挑坎坷不平的路走,这样一路颠簸下来,小核桃自然就到了下面,而大核桃就在上面,也很自然就分好了,我就不用花时间分了嘛!"

众村民你看我,我看你,一句话都说不出来。

★★★★★

生活中总是有人抱怨得多,实际行动得少,然而,当谁都认为工作只需要按部就班做下去的时候,偏偏总有一些优秀的人,会找到更有效的方法,将效率大大提高,将问题解决得更好更完美。正因为他们善于学习和创新,所以能让自己以最快的速度得到认可。凡是取得非凡成就的人无不深知创新之理,熟谙创新之术。他们明白:世界是变化着的,困难是层出不穷的,要想超越现状、有所突破,就只能创新。

★★★★★

王力在一家建筑材料公司当业务员。虽然这家公司产品不错,销路也不错,但产品销出去后,总是无法及时收到回款。公司最大的问题是如何讨账。有一位客户买了公司10万元产品,但总是以各种理由迟迟不肯付款。公司先后派了三人去讨账,但都没能要到货款。王力到公司上班不久,就和另外一位员工一起被派去讨账。他们软磨硬泡,想尽了办法。最后,客户终于同意给钱,叫他们过两天来拿。两天后他们赶去,对方给了他们一张10万元的现金支票。他们高高兴兴地拿着支票到银行取钱,结果却被告知,账上只有99900元。很明显,对方又耍了个花招,给的是一张无法兑现的支票。马上就要春节了,如果不及时拿到钱,不知又要拖延多久。遇到这种情况,一般人可能就一筹莫展了。但是王力突然灵机一动,赶紧拿出100元钱,让同去的人存到客户公司的账户里。这样一来,账户里就有了10万元。他立即将支票兑了现。当他带着这10万元回到公司时,董事长对他大加赞赏。之后,他在公司不断发展，五年之后当上了公司的副总经理，后来又当上了总经理。

★★★★★

这个业务员把创新发挥到了现实生活中，解决了实际问题，为自己赢得了好前程。一个善于创新的人总会首先寻找方法，只要方法找到了，做起事来才会更快更好。在现代社会，需要我们解决的问题越来越多。这就需要我们多多学习，使自己具备一定的创新能力。

创新能力是你必须具备的核心竞争力，它是赢家的第一能力。美国著名心智发展专家约翰·钱斐说道："创新能力是一种强大的生命力，它能给你的生活注入活力，赋予你生活的意义。"

★★★★★

在一堂数学课上，老师给同学们出了这样一道题：50、54、49、52、58、40、44，求这组数的和。同学们看完题，纷纷拿起笔来开始计算，但有一位同学却没有动笔，马上就说出了答案：347。同学们非常震惊，数学老师笑着点点头，让该同学说说自己的计算方法。这位同学说："我的方法很简单，就是 $50 \times 7 + 4 - 1 + 2 + 8 - 10 - 6 = 347$。"听完这位同学的计算方法，同学们恍然大悟。这时，数学老师要求大家再找一找其他的方法，结果大家又说出了很多简单又快速的计算方法来。

按照常规，通常大家会把几个数一个一个加起来。这样的方法一不小心，就可能加错了。而那位同学的方法却比较巧妙，先观察特点，然后再计算。真的很新奇！这个创新就源于他的归纳总结能力，而且，这样的方法既高效又记忆深刻。

★★★★★

现实生活中，为什么普通人多，创新者少；没有成果的人多，有成就的人少呢？原因就在于创新是一种潜力，要加以开发才能有效利用。为了帮助大家创新，这里为大家提供一些建议。

首先，必须激发自己，这就需要有一个明确的目的，一个强烈的愿望。最好的主意往往出自那些渴望成功的人。一个人如果有了强烈的创新意识，就会产生强烈的创新欲望，把全部能量，包括动机、人格、意

员工岗位 创新精神
Yuangong Gangwei Chuangxin Jingshen

志、情感等充分调动起来，形成强大的创新动力，推动自己战胜各种困难。可以说创新意识对于创造力的形成，起着至关重要的作用。

其次，必须为自己创造一种紧迫感。每个人都有拖延的惰性心理，不妨给自己规定一个期限以提出新的想法。

再次，在情绪上要保持放松。富于创造力的人一般都会表现出一种善于使精神放松的气质：可以尝试散步、听音乐、看漫画等方式让自己放松下来。

最后，要扩大自己的思考范围，同时用知识充实自己。

许多员工只是抱着坚守本职工作岗位的态度，因循守旧，缺乏创新精神，认为创新是老板的事，与己无关，自己只要把本职工作做好就行。这是不行的，这种故步自封的思想只会让自己，也让企业裹足不前，无从发展。一个企业只有创新型人才够多，才能促进企业的创新发展，企业的创新正是由大家的共同努力才完成的。

有一位记者曾问李嘉诚这样一个问题："为何你几十年的成功积累还不如比尔·盖茨的几年暴富？"

李嘉诚在感慨"后生可畏"的同时，坦率地承认比尔·盖茨掌握了这个年代最为稀缺的资源——创新精神和创新能力。李嘉诚说，创新可以让一个"新品"在一夜之间战胜一个畅销几十年的"名品"。"新品"来自何方？来自创新人才之手。一流的员工永远是那些敢于创新的员工。

★★★★★

很多人都知道蒙牛集团的创始人、知名企业家牛根生。1983年，牛根生只是伊利集团的一名十分普通的洗奶瓶工人。谁也意想不到，这位洗奶瓶的工人因为具有非凡的敬业精神和创新精神，后来成了伊利集团的副总裁，再后来创办了连续三年增长速度排中国第一的蒙牛集团。

在王达林《创造天下》一书中，介绍了牛根生如何以超强的创新能力使自己走向成功的过程。

20世纪90年代中期，牛根生是伊利的一名普通员工。那

第一章
立足本职工作，每一个岗位都是创新的舞台

时，伊利推出了冰淇淋新品"苦咖啡"。有位地位显赫的女士来伊利参观，这位女士有糖尿病，按理说不能吃甜食，但尝了"苦咖啡"后，连声说好，又要了第二根。

当时，牛根生正在内蒙古工学院学计算机，周围都是些爱吃雪糕的女孩，但问起"苦咖啡"，谁都不知道。

在把这两件事联系在一起后，牛根生不禁想：连糖尿病病人都抑制不住连吃两根"苦咖啡"，我们却把它"藏在深闺人不知"，这怎么行呢？按惯例，冬季是冰淇淋行业的淡季，但牛根生却把工人们召集到一起：咱们今年冬天做一次营销——让人们在大冬天里吃雪糕！这就是想前人之不敢想、做前人之不敢做的创新。

经商定，伊利首先在呼和浩特和包头两座城市作试点。当时的广告创意是：一个天真可爱的小男孩，手持"苦咖啡"，初咬一口，眉关紧锁——苦！越吃越香，露出灿烂的笑容——甜！话外音："苦苦的追求，甜甜的享受！"

一句广告语，赋予了"苦咖啡"无限的联想，后来还成为公司的经营理念之一。

在当时，牛根生采取了国内从未有过的传播策略，只要有广告时段，就加入了"苦咖啡"的广告，已达到无孔不入，无人不知的程度。这种高密度全覆盖广告法，赢得了立竿见影的传播效果。1996年12月，在试销的呼和浩特和包头两市，满大街都是"苦咖啡"，淡季变成了旺季。紧接着"苦咖啡风暴"又跳出了区域市场，刮向全国。苦咖啡的制作广告费仅仅5000元，播出费200万元，最终赢得了3亿元的销售收入。

从一个洗奶瓶工人到公司的副总裁，这一经历是曲折的，也并不是所有人都能够做到的，但是只有肯动脑筋，想着创新，想着走在最前面，那成功的机会才会是最大的。

★★★★★

企业的创新来自于有创新精神和创新能力的员工，这样的员工才是

员工岗位 创新精神
YuanGong Gangwei Chuangxin Jingshen

企业最需要的员工,才能成为一流的员工。员工通过创新让公司认识到他们对公司业务的价值和潜在的优秀品质,从而在职业发展的道路上快速成长。

5

优胜劣汰,不创新就会灭亡

创新是社会发展进步的不竭动力和源泉。千百年来,人类正是在不断创新中改变了自己,也改变了社会。在全球化和信息化高度发展的今天,企业创新越来越快地改变着企业乃至个人的命运。我们看到,传统的托拉斯级的大企业,就是由于拒绝创新而落魄和颓败;历经百年的企业,就由于缺少创新而被创新型的后起之秀超越;那些通过创新而迅速成长为行业翘首和领军企业的案例俯拾即是,那些通过创新而一举成名的企业家也数不胜数。

★★★★★

柯达,这是一个许多年前,许多人都熟悉的品牌。柯达在美国是一个具有130多年历史的老牌公司,追其历史,柯达昔日的成功,也是源于通过技术创新掌握了世界上最为先进的摄像胶卷技术。20世纪70年代中叶,柯达垄断了美国90%的胶卷市场及85%的相机市场份额。鼎盛时期,该公司的业务遍布150多个国家和地区,资产市值曾高达310亿美元。但是就是这样一家赫赫有名的公司,却宣布破产,淡出了人们的视线。那么,人们不禁要问:就是这样一个公司,一个行业的佼佼者,一个行业的领军企业,为什么会在十几年间颓败和退市

第一章 立足本职工作，每一个岗位都是创新的舞台

了呢？

有关专家和学者对此作出的分析和判断，尽管原因很多，但有一点是一致的，那就是柯达公司的高层经营管理团队盲目自信，对抗时代，行动迟缓，最后，痛失发展机遇。但是如果说柯达不注重科技创新，那是冤枉了柯达。事实上，早在1926年，柯达公司就成立了自己的研究和发展实验室。应该说还是美国最早的工业实验室之一。在公司的鼓励和支持下，从1900年到1999年，柯达的研究人员共发明并获得了19576项专利。早在1975年，柯达实验室就研发并掌握了数码相机技术。到20世纪的90年代初，柯达就已经研发和制造出130万像素的数码相机。但可悲的是柯达公司的经营管理团队却拒绝接受和改变，固执地坚持和坚守着传统的相机和胶片市场地盘。后来，其他创新者也发明和制造了数码相机并快速地推上市场。等到市场已经普遍地接受了数码相机，传统相机和胶卷逐步萎缩后，柯达的经营管理层才发觉不妙，想要转型，已经是为时已晚，机会全无。

★★★★★

美国微软公司的前董事长比尔·盖茨，曾经教育和告诫他的员工说："微软离破产永远只有18个月。"他似乎在提醒人们，危机永远存在，优胜劣汰永远是竞争的自然规律和生存法则。在当下全球信息化和经济一体化社会快速发展的今天，慢进就是倒退；不创新发展，就会被淘汰。无论是多大的企业，在自然规律和生存法则面前，谁也不能例外。从柯达公司的案例我们不难看出，从1991年柯达发明并制造出数码相机，到2003年柯达宣布传统相机和胶卷停产并转型，整整用了十二年的时间。显然，柯达耗费了远远比18个月更长的时间来抉择自己的未来，他们用于完成创新的转变和转型的时间太长了，以至于贻误了最好的转型发展时机，最终成为落伍和失败者。

创新是企业最强大的竞争力。"不创新，就死亡。"这句名言已成为企业生存及发展的真实写照，任何一家企业都必须重视创造力，只有

员工岗位 创新精神
Yuangong Gangwei Chuangxin Jingshen

这样企业才具有长久的生命力。没有创新力的企业是没有发展的企业,同样,没有创新力的员工也是没有未来的员工。如果我们是一名创新型的员工,就会为企业创造意想不到的价值,这也在很大程度上决定了我们在企业的地位和未来的前途。

★★★★★

20世纪中期,日本东芝电气公司曾一度积压了大量的电风扇卖不出去。上到公司高层,下到车间七万名员工,为了打开销路,他们费尽心机想尽了办法,依然进展不大。有一天,一名员工走进了董事长的办公室,说出了他的想法,这个想法让董事长眼前一亮,看到了希望。这个想法很简单:改变电风扇的颜色。当时电风扇还没有普及,全世界的电风扇只有一种颜色,那就是沉闷的黑色。这名员工建议把黑色改成浅色,这一建议引起了董事长的重视,经过研究很快就被采纳了。于是东芝公司马上投入生产,第二年夏天就推出了一批浅蓝色的电风扇。这种电风扇很受顾客的欢迎,市场上掀起了一阵抢购热潮。看到积压的那批电风扇很快销售一空,东芝公司很快又投入了大量的生产,几个月之内就卖出几十万台。从此,电风扇就以五彩缤纷的姿态走进日本并走向全世界。那名员工自然得到了董事长的青睐。

★★★★★

企业发展是市场竞争的必然结果,在这里优胜劣汰,不注重创新立马就会被消费者抛弃。尊重市场法则才是安身立命之本!因此,创新是企业生存的命脉、是企业进步的阶梯,企业的发展,壮大更要依靠员工特别是高层次人才的不断创新。只有那些坚持创新的企业,才能在商业时代的激烈竞争中永远立于不败之地。

★★★★★

三星拥有今天的技术实力,与其鼓励创新和倡导创新的有效举措密不可分。现在,三星在招聘员工时,特别看重应聘者的创新精神和创新能力,努力在全球范围内吸纳富有智慧、勇

第一章
立足本职工作，每一个岗位都是创新的舞台

于挑战、开拓进取的创新型人才。在培训环节，三星突出创新型人才的培养，努力开发员工的创新能力。

"创新"是三星极力提倡的工作精神，并作为厂训深深地扎根在三星人的心中。三星集团是韩国最大的企业集团，包括26个下属公司及若干其他法人机构，在近70个国家和地区建立了近300个法人及办事处，员工总数19.6万人，业务涉及电子、金融、机械、化学等众多领域。

集团旗下3家企业进入美国《财富》杂志2003年世界500强行列，其中三星电子排名第59位，三星物产排名第115位，三星生命排名第236位。2003年三星集团营业额约965亿美元，品牌价值高达108.5亿美元，在世界百大品牌中排名第25位，连续两年成为成长最快的品牌。集团旗下的旗舰公司——三星电子在2003年《商业周刊》IT百强中排名第三，日益成为行业领跑者，其影响力已经超越了很多业内传统巨头。

可又有多少人了解1997年亚洲金融危机后，三星这家本来名不见经传，而且已经走到死亡边缘的韩国公司一跃跻身于世界诸强之列背后的秘密呢？

三星的巨变可以追溯至1997年的亚洲金融危机。当时，三星公司生产了大量的低价产品，所以，当韩国经济直线滑落时，公司损失惨重。提高盈利成了当务之急。为此，公司不但削减成本30%，卖掉了那些业绩不佳的子公司，还改变了走廉价道路的发展策略。

当时，三星公司意识到不能总是做一名低成本的搬运工，否则，终有一天会被淘汰。于是，三星集团的主席李健熙传令下来：不创新，毋宁死。

★★★★★

可见三星对于创新的执着和渴求，对于创新的看重和绝决。

创新是企业生存和发展的前提，同样，创新也是一个员工晋升和发展的基础，脱颖而出的捷径。因为优胜劣汰是社会最基本的法则。不创

新,就难以争优,不优就会被淘汰,就会被灭亡,无论对个人还是对企业,道理都是一样的。

《经济学家》曾经对200多家中国优秀企业的CEO做了一项关于"员工最缺乏的能力是什么"的调查,结果大多数的答案是缺乏创新力。可见,创新力已经成为企业最需要的能力,成为一个人决胜职场的关键。那么从现在开始培养自己的创新力吧,以下的方法很值得我们借鉴。

第一,多动脑筋,在想尽办法使自己优质、高效地完成更多事情的过程中,如果我们积极地开动脑筋,做一些新的尝试,开拓新的工作思路,掌握新的做事方法,就是在进行创新。

第二,要有打破常规的勇气。是什么原因导致自己创新力的缺乏呢?或许源于一种不良习惯,就是我们往往受习惯及群体意识的制约,总是根据自己的习惯做事,或者盲目地跟从他人。盲从出不了成绩,只有打破禁锢我们思维的习惯才会有新的收获。

第三,注意观察,遇到问题要积极主动解决。没有观察就没有创新的机会,没有思考就没有创新的能力。在工作中我们要善于观察,在做一件事之前不仅要问为什么这样做,还要问怎么做才能做得更好。遇到问题不要习惯性地推脱给他人,或者找他人帮忙,而要想办法自己解决,这样就可以不断挖掘自己的潜能,激发创新意识。

6

创新的最终受益者是员工自己

创新作为最具革命性的资本,给人们带来无尽的财富,是人生走向成功的导师。每一个人都应该是创新的积极实践者,同时也会是最终的

第一章
立足本职工作，每一个岗位都是创新的舞台

受益者。创新行为不仅可以为企业注入新鲜的血液，成为企业生命长青的源泉，同时也能够为员工带来更多的实际收益和发展机会。

★★★★★

亚历山大·山姆森是美国鲁特玻璃厂一位年轻的普通工人，负责生产玻璃瓶。显然，如果他只满足于当一名按图纸、按程序制作玻璃的工人，即使他每天24小时不吃不喝玩命地干，到死也不可能创造出多少财富来。

有一天，当他同女友约会时，发现女友穿着一套筒型连衣裙，显得臀部突出，腰部和腿部纤细，非常好看。约会结束后，他突发灵感，根据女友穿着这套裙子的形象设计出一种玻璃瓶，然后按"图案设计"进行了专利登记。

当时，可口可乐的决策者坎德勒在市场上看到了亚历山大·山姆森设计的玻璃瓶后，认为非常适合作为可口可乐的包装。于是他主动向亚历山大·山姆森提出购买这种设计的专利。经过一番讨价还价，最后可口可乐公司以600万美元的天价买下此专利。要知道在100多年前，600万美元可是一笔巨款。然而，实践证明可口可乐公司的这一决策是非常成功的。采用亚历山大·山姆森设计的玻璃瓶作为可口可乐的包装以后，可口可乐的销量飞速增长，在两年的时间内，销量翻了一倍。从此以后，采用"山姆森"玻璃瓶作为包装的可口可乐开始畅销美国，并迅速风靡世界。600万美元的投入，为可口可乐公司带来了数以亿计的回报。

★★★★★

这个故事的双方是双赢的，它告诉我们，一个人如果有价值，有非常活跃的创新能力，那他赤手空拳也能赚来百万财富。一个有创新精神的公司寻找的正是这样的人才，而且这样的公司是不会对能带来巨额利润的员工吝惜金钱的。

创新不只是解决问题的工具，还是我们员工寻求利益的最佳手段。不要认为创新的果实享有者是老板，其实我们自己也在享用着创新成果

员工岗位 创新精神

的甘甜。员工岗位创新为企业实现最大化的经济效益；同时，也为自己谋求了更为广阔的发展空间，为实现自己的人生规划扣上重要的一环。我们如果能立足自己的本职岗位，找准一个点，将最切合实际的、将平日忽略了的小小的技术改进或是小小的点子和发明，运用到我们的工作中，也许就能发挥出巨大的作用。要坚信创新不只是精英们的专利，每一个普通的岗位都能创新！这绝不是痴人说梦，大量的事实早已证明了这一点。

★★★★★

"如果企业不创新，不能生产出让客户满意的高质量产品，这个企业就没有生路。"这是郑州纺织机械股份有限公司总经理汤其伟的信条。

1984年，汤其伟从天津纺院毕业分配到郑州纺织机械股份有限公司，他从纺机设计开发干起，历任设计室主任、郑纺机副厂长、总经理、党委副书记，凭着不断开拓创新的信念和魄力为企业长足发展做出了贡献，因而成为全国纺织行业的劳动模范。

汤其伟在创新的路上收获颇多：他参与研制的FA142型单打手成卷机，获得中国纺织总会科技进步三等奖；1999年，他获得桑麻科技奖；他主持设计的FA224型梳棉机，获省科技进步二等奖；2002年和2004年，汤其伟被评为中纺集团十大杰出青年；2005年获得中国纺织工业协会科技进步三等奖。

在他的积极倡导下，企业建立了梳棉机总装线，月产量从8台迅速提高到300台。2005年3月，受化纤市场萧条等因素影响，以化纤设备为主的郑纺机一度经营困难。此刻，汤其伟接任郑纺机总经理，他根据市场和企业情况，提出"化纤突围，棉纺增量，做强浆纱，多元发展，以诚为本，以德兴企"的经营策略。在他的努力开拓下，2006年为洛阳实华合纤公司制造的年产5万吨涤纶短纤维设备打响了第一炮。随即，另一套年产6万吨涤纶短纤维生产线在江苏吴江投产运行；2006年7月，

第一章
立足本职工作，每一个岗位都是创新的舞台

3条年产5万吨涤纶短纤维生产线在印度安家落户。就这样，汤其伟上任的当年，完成销售收入16.99亿元，实现利润1935万元。第二年公司再上台阶，完成销售收入19.52亿元，实现利润2690万元，各项经济指标均创历史新高。2007年，企业各类产品齐头并进，新签和新增生效合同双超14亿元……汤其伟的技术创新和经营开拓成为企业发展的宝贵力量。

张忠和是中石化南华公司化机厂的一名普通职工，他从初中文化自学到本科水平，做了36年的质检工作。在张忠和看来，创新不仅仅是科技人员的事情，蓝领也可以创新，而且应该创新。他所从事的材料质检，因为总是有大量的新产品、新工艺和新材料的使用，所以他的岗位总有一种鲜活流动的氛围。在他看来，创新首先是要有大胆的设想，再有细心的行动，反复的试验，认真落实技术，就会有一定的绩效；退一万步，即便失败了，也是一次经验的累积。

平时的细心观察，让张忠和总结了检测同一个材料的多种操作方法。在日常工作中熟练应用这些经验，大大提高了材料的检测速度，也降低了检测成本。一次，在检查进口材料的过程中，他使用了自己创新的安薄质检法，结果判定出了材料不合格，这让国外的材料商很不满意，也引起了大家的怀疑。有些人说，你又不是什么技师，凭你那些土方法就质疑国外先进的东西？

但是，张忠和坚信自己的检测结果是正确的。他郑重承诺：如果是自己检测的问题，愿意承担一切后果。结果样品被送到国外检验单位重新检验，果然不合格，外方赔偿了1000多万元的损失。

★★★★★

岗位就是员工创新的舞台，像张忠和这样立足岗位大胆创新的职工大有人在，许振超、白国周、孔祥瑞……一个又一个岗位创新、岗位成才的典范，都在向我们昭示着创新的活力、创新的魅力。

员工岗位 创新精神
Yuangong Gangwei Chuangxin Jingshen

在现代企业里，你越有创新能力，你就越有核心竞争力，你的观点和想法越多，你的能力就越强，成功的可能性就越大。

★★★★★

福建一家热电厂为了减员增效辞退了很多员工，其中包括工作勤勤恳恳半辈子的老康。老康上有老下有小，下岗对他来说无疑是"屋漏偏逢连夜雨"。但老康与其他员工不同，他是一个爱琢磨的人，在厂里原本也是技术骨干。早在下岗之前，他就发现热电厂发电过程中产生成吨成吨的煤灰废料，堆在厂里，为了处理掉它们厂里要花钱成车地往外运。老康心想这垃圾就是放错地方的财富，便动起了煤灰的主意。变废为宝靠的是科技，于是老康拿着煤灰样品四处找专家鉴定，终于与一家生产砖机的技术部取得了联系，他们正需要这样的工业废料，将其粉碎之后通过调配、黏结等办法来加工"复合砖"。于是老康靠着厂里的关系，花了极少的钱，在别人为下岗而痛哭流涕时，他用"垃圾"赚到了人生的第一桶金。

★★★★★

创新无所不在，围绕在你周围到处都是创新机会。与其挖空心思在外面找机会，不如安下心来从自己身边的"一亩三分地"出发，积极主动地发现问题，找到最佳的解决办法。

因此，在创新的过程当中，了解企业发展动向，与企业同呼吸共命运是员工创新的首要前提。创新不是空中楼阁，具备可行性创意的提出需要长时间的经验积淀。要想成为一个优秀的创新型员工，就要在工作实践的切磋琢磨过程中及时发现问题，提出合理的解决办法，并且予以总结，以更好地指导自己。如果一个员工想在自己的工作中有所突破，有所创新的话，首先应该深入地了解自己的企业，弄清楚自己的企业需要的是什么，需要什么样的创新，了解企业的发展现状及对未来的规划。当你了解了这些情况之后，你的创新性的建议和想象力才能有的放矢。在这个过程中，你不仅可以为企业的发展出力，甚至可以为自己赢得想象不到的发展契机。

7 勇于创新，成为不可替代的人

勇于创新的员工才是所有公司都需要的员工，员工越有创新能力，就越有核心竞争力。你的观点和想法越多，你的能力就越强，成功的可能性、获得高薪的可能性就越大。因此，工作需要创新精神。

每个企业都欢迎不墨守成规且经常出新的员工，因为创造力和创新能力是企业发展的永恒动力。有创新精神、勇于创新的员工是企业最强大的力量，是企业最不可替代的人才。有创新精神的员工，不仅可以为企业带来最大的效益，也为自己的成功提供了保障。

★★★★★

卢彦昌当年从南开大学元素有机化学研究所毕业后，面对合资、外资企业的优厚待遇和出国留学的诱惑，毅然选择了国有企业天津药业公司。那时，他只有24岁。如今他已成长为一名在天津乃至全国医药界重量级的科技带头人。

1995年被任命为公司总工程师时，他才刚满30岁，是当时天津市大型国企中最年轻的总工。2001年，天津药业公司改制，成立天津金耀集团，卢彦昌担任集团总工程师。

天津金耀集团是一个有着60多年历史的老国有企业，改革开放之初，企业经历着由计划经济到市场经济的艰巨变革，经营曾一度陷入困境。在天津从"三五八十"到"三步走"的发展战略的引领下，企业明确了"高科技加规模经营"的

员工岗位 创新精神

发展思路，坚定了技术开发和市场开发的发展方向，制定了《对有突出贡献的科技人员的特殊奖励规定》，形成了"创新、完美"的企业精神，卢彦昌在受到极大的鼓舞和鞭策的同时，也感受到一种前所未有的压力。企业改革的实践使他更加坚定了一个信念：科技创新是加快发展的动力，技术攻关是企业发展的节点，企业要想走出困境，科技人员必须努力拼搏。

"以溴代碘"项目是卢彦昌承担的第一个课题。正是由于他的踏实肯干和刻苦钻研，加之几个月时间钻在试验间里谁也拉不出来的拼劲儿，该项目取得迅速突破，以低成本的"溴素"代替了当时价格昂贵的进口原料"碘"。卢彦昌迈上了科技创新的第一个台阶。

后来，卢彦昌承担了"醋酸氢化可的松"新工艺的研制攻关，这个产品当时在市场上十分紧俏，国内各激素厂家竞争激烈，卢彦昌感到天津金耀集团作为国家皮质激素生产基地，一定要紧紧抓住这个机遇。但他经过认真分析后发现，天津金耀集团的传统工艺并不比其他厂家占有优势，反而会因工艺老、企业大、包袱重而被市场拖垮。他制订了在技术上有所创新的方案，以降低生产成本，提高产品质量，进而提高产品市场竞争力的攻关目标，把自己又一次推向技术攻关的前沿。他夜以继日地翻阅了大量的技术资料，找准突破口后，他和课题组人员一道废寝忘食地攻关，在无数次的试验中，他冒着染菌的危险，总是坚持第一个进台最后一个离开，终于发明了以合成代替生物发酵的新工艺，使产品成本下降，质量提高，投入大规模生产后，各项技术指标均达到国内领先水平，原材料成本每公斤降低500多元，产品市场占有率达90%以上，为企业赢得了市场先机和显著的经济效益。

地塞米松是天津金耀集团的主导产品，但它曾经被国外几家大跨国公司的进口产品逼得两度停产，国内市场被进口产品垄断。为夺回市场，振兴民族工业，卢彦昌带领科研人员创新了"生物脱氢"新工艺，使地塞米松的成本降低了30%。然而，外国公司怎么会轻易退出中国市场，他们希望通过价格战重新夺回市场。面对我国加入工贸后新一轮的市场竞争，天津金耀集团领导班子决心向超一流的新工艺和新技术发起冲击，并把这一重担压在了卢彦昌的身上。在"生物脱氢"新工艺基础上，卢彦昌带领科技人员进入了国际竞争跑道，进入了第二轮创新圈，他们通过对工艺路线进行大胆调整，采用新的化学试剂及新的化学原料，使反应路线减少了三四步，生产成本下降40%，质量达到美国药典标准，赶上并超过法国的产品，首次达到了国际先进水平，这在地塞米松系列产品合成工艺上是一个新的重大突破，使天津金耀集团这一支柱产业占领了一个世界级的制高点。

这项新工艺使外国公司的产品被迫退出我国市场。近年来，天津的地塞米松原料药市场占有率跃居全国同行业之首，占领了国际地塞米松产品市场的半壁江山，年创造销售利润一亿元以上，并荣获国家技术进步二等奖、天津市技术创新优秀项目一等奖。卢彦昌也成为公司最不可替代的、最重要的"专家员工"，是企业的"金不换"。

★★★★★

许多员工由于害怕承担责任，在工作中一味地墨守成规，害怕改变，不愿意尝试用新的方法做事，换句话说也就是没有创新的胆量，不敢创新，在自己的岗位上谨小慎微，不敢妄动。这样的员工，充其量只能作为"垫底"员工，让老板放心，但绝不会令老板欣赏。因为在这个以新求胜、以新求发展的世界，员工创新力的高低，很大程度上决定着公司创新力和竞争力的高低。只有敢想敢做、敢于创新的员工，才能做出令人瞩目的成绩，成为企业最需要的、最不可替代的员工。

★★★★★

1987年从宝钢技术工业学校走出来的王军，用20年的时间完成了从一名普通劳动者到工人专家的身份转变。2007年

员工岗位 创新精神
Yuangong Gangwei Chuangxin Jingshen

度"国家科技进步奖二等奖"为他再次"认证"了人生的价值。

"用心就会带来创新，小岗位也有大舞台。"在王军的手中，已有50多项专利获得国家专利局的受理和授权。这位辅助工种岗位上的一线工人，也为宝钢创造了数额惊人的利益。仅仅他负责并获得国家科学技术奖的"高强度全密判热轧矫直机支承辊技术"项目，就打破了依赖进口或仿制外国产品的局面，通过技术转让先后在许多企业推广，三年创造直接经济效益1.6个亿。

★★★★★

一个人创造1.6个亿的效益！这样的员工，有几个员工能替代得了？有几个企业舍得他离开？这样的员工，是企业的无价之宝！

有思想有头脑的智慧型员工是最有价值、最有发展前途的员工，也是企业最器重、老板最看重、同事最敬重的"钻石"员工。因为这样的员工是明白人、聪明人、高效工作的人。他们不像很多苦干型员工那样只懂得勤劳和辛苦，而是更懂得巧干，他们不仅仅在用力工作，更是在用心工作，用智慧工作，他们的工作效率、工作业绩理所当然地大大超过别人，他们当然最受欢迎。

谁都希望成为这样的"钻石"员工，但唯有有思想、善思考的智慧型员工，重视激发自己创新细胞的聪明员工，才能真正成为单位最有潜力、最有发展、最受器重、最不可替代的"钻石"。

第二章
培养创新意识，敢想敢干激发无限创新潜能

　　岗位创新精神需要有敢为人先的创新意识。只有敢想敢干才能突破，才能创造性地开展工作。创新的过程就是打破常规的过程，不打破一些条条框框，创新就是一句空话。善于创新者，都是敢于冒险、勇于尝试新事物的人。所以，他们往往更能实现跨越式发展。

员工岗位 创新精神
Yuangong Gangwei Chuangxin Jingshen

1

激活创新细胞，带着思想去工作

思想具有世界上最神奇伟大的力量，它可以带来一个世界，也可以毁灭一个世界；它可以创造一个世界，也可以改变一个世界；它左右我们的一切，主宰我们的一切！特别是在今天这样一个思想角逐的时代，一个智慧博弈的时代，一个脑力竞争的时代，一个用脑比用力更重要、巧干比苦干更重要，思想比任何时候更能体现出它的珍贵、它的伟大、它的无与伦比的巨大力量；它无处不在，无远弗届；它不可替代，不可或缺。如果没有思想的指引，这个世界将无路可走；如果没有智慧的光芒，这世界将永堕黑暗；如果没有头脑的力量，这个时代就会彻底倾覆，不复存在！人因为思想而伟大，因为思想而优秀，因为思想而成功！所以，不管我们做什么工作，都要带着思想去工作，激活自己的创新细胞，从而更智慧、更聪明地去工作，让工作更有成绩。

在美国著名作家谢尔顿《愤怒的天使》一书中，写了这样一个精彩的故事：

★★★★★

刚刚出道的年轻女律师詹妮芙·帕克曾经接手过这样一个案件——

一位名叫康妮的小姐被美国"全国汽车公司"制造的一辆卡车撞倒。司机踩了刹车，但是卡车还是把康妮卷入车下，导致康妮小姐被迫切除了四肢，骨盆也被碾碎。

第二章

培养创新意识，敢想敢干激发无限创新潜能

为此，康妮把汽车公司告上了法庭。但是，康妮小姐说不清楚是自己在冰上滑倒摔入车下，还是被卡车卷入车下。汽车公司的辩护律师马格雷先生，是一个老资格的著名律师。他巧妙地利用了各种证据，推翻了当时几名目击者的证词，康妮小姐因此败诉。

绝望的康妮向詹妮芙·帕克求援，詹妮芙通过调查掌握了该汽车公司近5年来的15次车祸原因完全相同：该汽车的制动系统有问题，急刹车时，车子后部会打转，把受害者卷入车底。

掌握了这个证据后，詹妮芙和马格雷进行了交涉，希望汽车公司赔偿200万美元给康妮小姐，否则将会提出控告。

老奸巨猾的马格雷表面上同意了，但却提出自己第二天要去伦敦，一个星期后才能回来，到时再研究一下做出适当安排。

然而，一个星期过去了，马格雷却并没有露面。

詹妮芙感觉不妙，当她目光扫到日历上，突然明白了马格雷为什么要这么做：因为诉讼时效已经到期了！

詹妮芙马上给马格雷打电话，而马格雷在电话中得意洋洋地放声大笑："小姐，诉讼时效今天过期了，谁也不能控告我了！"

詹妮芙马上问秘书准备好案卷要多少时间，秘书的回答是三四个小时。而当时已经下午一点，也就是说即使用最快的速度，交到法院时也来不及了。

怎么办？怎么办？难道就这样认输了？

决不！

突然之间，她的脑海中灵光一闪："'全国汽车公司'在美国各地都有分公司，为什么不把起诉地点往西移呢？隔一个时区就差一个小时啊！位于太平洋上的夏威夷在西十区，与纽约时差整整5个小时！对，就在夏威夷起诉！"

结果，詹妮芙利用这至关重要的几个小时，以不争的事实和催人泪下的语言，使陪审团成员们大为感动，最终做出裁决：康妮胜诉，"全国汽车公司"赔偿康妮600万美元损

员工岗位 创新精神
Yuangong Gangwei Chuangxin Jingshen

失费!

"黄毛丫头"詹妮芙小姐一举击败了老资格的大律师马格雷,名扬全国!

★★★★★

很多时候,当我们遇到看上去"根本没有办法解决"的事情时,也不妨像詹妮芙一样,使自己有"绝不"放弃的勇气和决心,逼出自己最大的智慧,挖掘自己的潜能,激发出深藏的智慧,让问题最终迎刃而解。

所以,在工作中要敢想敢做,全面激活自己的创新细胞,开掘出创新潜能,有时候带来的结果让自己都会吃惊。智慧无穷,方法无尽,只要你用脑去想,用心去做,就算再怎样的山穷水尽,也一样可以找到非同一般的柳暗花明!

★★★★★

一次,"酒店大王"希尔顿在建一栋新酒店时突然资金困难,无法继续下去了,在银行又贷不到款,他急得团团转。突然,他想到了一个妙计:找那位卖地皮的商人协商!要他给自己"免费"盖酒店。

对此你是不是觉得太奇怪呢?哪有人傻到卖地皮给你,然后还把楼给你盖好的?但是希尔顿却做到了!

希尔顿找到那个地产商坦言没钱继续盖酒店了!地产商漫不经心地说:"那就停工呗!等有钱了再盖吧!"

希尔顿回答道:"这个我当然知道,但是,假如我的酒店总拖着不盖,恐怕受损失的不只我一个吧!说不定你的损失比我更大呢。"

地产商纳闷了,你盖酒店与我何干?希尔顿接着说:"你知道,自从我买你的地皮盖房子以来,周围的地价已经涨了好几倍。如果我的酒店突然不盖了,你的这些地皮的价格就会大受影响!如果有人再宣传一下,我的酒店盖不了的原因是因为这个地方不好,准备另迁新址,那又会怎样呢?"

第二章
培养创新意识，敢想敢干激发无限创新潜能

"那你想怎么样？"地产商紧张起来。

"很简单，你暂且帮我一把，将房子盖好再卖给我，我当然会付钱给你的，但不是现在给，而是从我的利润里分期支付！"

地产商虽然很不情愿，但是考虑到整体利益，还是决定做一回"傻子"，决定盖这栋新酒店。

希尔顿在缺乏资金、无法建筑楼盘的情况下，运用全面联系的思维方法从不同的角度分析了楼房不能完工的负面影响，终于克服困难，越过障碍，如愿地达到了目标。

★★★★★

在很多人眼里，希尔顿的打算本来是一件完全不可能做到的事情，让自己的地产商盖酒店，还等赚了利润再给钱，简直是异想天开一样，而希尔顿却做得天衣无缝，又合情合理。这就是创新潜能激发的结果。

西方有一句有名的谚语"Use your head"，意思就是要多动脑、多思考，激活自己的创新细胞，就会有意想不到的结果。

★★★★★

一个食品店，一次接到了一位刁钻古怪的顾客的订单。上面写道："定做9块蛋糕，但要装在4个盒子里，而且每个盒子里至少要装3块蛋糕。"这位顾客傲慢地说："贵店不是以讲信誉闻名远近吗？如果连这点小事也办不了，嘿嘿，今后还是把招牌砸掉算了。"

但是，这故意的挑衅没有难住聪明的店员。一个员工很快想出了办法：他先将9块蛋糕分装在3个盒子里，每盒3块，然后再用1个大盒子将3个小盒子装在里面。这位顾客一看，再也没话可说了，逢人只能赞叹这家店果然是名不虚传。原本是想让这家店倒霉的想法，最终却是给这家店做了更好的广告！

★★★★★

在工作中，许多员工因循守旧、缺少创新精神，认为创新是老板的事，与己无关，自己只要把分内的工作做妥就行，无需多做。这种思想实在要不得。创新不需要天才，创新只在于找到新的改进方法。任何事情的成功，都是因为能找出把事情做得更好的办法。能找出把事情做得更好的方法，就是创新。一个优秀员工应该勤于思考，善于动脑，善于分析问题和解决问题，找出巧妙的解决办法。无论工作有多么繁忙，也要腾出时间来思考，找出最为省力有效的解决方案。

对于员工来说，创新是最有价值、最有发展前途的工作，创新已经成为当今时代的必然要求。身在职场，无论是谁，若没有了创新优势，都将很难有大的发展。为什么我们要强调创新呢？因为推进人类文明不断进步的强大力量，就是无所不在的创新！在当今这个竞争的时代，"天上掉馅饼"的机会怕越来越少了，我们绝大多数人要想有所成就，就必须通过自己的努力，而光努力也还是不够的，还必须要创新，要具备别人不具备的本领，只有这样，成功才会敲响我们的大门。

2

大胆质疑，在怀疑中找到创新突破点

岗位创新需要善于质疑，向传统的一切提出挑战。"质疑"是开启创新之门的钥匙。因此，在岗位工作中，员工应从保持好奇、好问、求知欲旺盛的特点出发，勤于思考问题，敢于提出问题，促进创新意识的形成，借问题促探索，借探索促发现，借发现促创新。

所谓质疑，是指人们对于事物不是不假思索地全盘接受，而是报以审视、剖析和批判的态度；不是人云亦云、迷信书本和权威，而是敢于大胆质疑。根据质疑对象不同，可分为条件质疑、过程质疑和结果质疑三种。条件质疑就是对事物产生发展的条件提出疑义，通过增加、减少、改变条件等方式，对问题提出新的解决方案，对事物提出新的见解、产生新的思想的一种方法。过程质疑就是对事物产生、发展的过程提出疑义，通过对过程进行颠倒、置换、增加、减少等方式，产生新的方法、新的结果、新的思想、新的思路的一种方法。结果质疑就是对事物的结果提出疑义，通过对结果的审慎分析，发现问题，提出新方案、产生新结果的一种方法。

★★★★★

哥白尼的"日心说"发表之前，"地心说"在中世纪的欧洲一直居于统治地位。自古以来，人类就对宇宙的结构不断地进行着思考，早在古希腊时代就有哲学家提出了地球在运动的主张，只是当时缺乏依据，因此没有得到人们的认可。

伟大的天文学家哥白尼经过长期的观测，算出太阳的体积大约相当于161个地球（实际上比这个数字还大）。他想，这么一个庞然大物，会绕着地球旋转吗？他开始对流传了一千多年的托勒密的"地心说"产生了怀疑。哥白尼天天观测着、计算着，于是他终于创立了以太阳为中心的"日心说"。哥白尼之所以有如此重大发现，主要是他善于质疑，在人们习以为常的事物中找出问题来。

★★★★★

善于质疑，在疑问中寻找答案，往往比死板教条的实践来得更快更准。当我们沉迷于某个问题研究却又百思不解时，很可能会误入思维的死角。因为当事者的视野拘泥问题的本身，思路堵塞，那么我们不妨排除自设，带着疑问的眼光看问题，或许真的可以找到问题的本质所在。你若能保持对异常现象提出质疑，坚持大胆思考，也能有"疑"可生，有"问"可提。这样，你也会在提问怀疑中找到诱因，进而开启自己灵感创造的门。

在生活中我们往往很容易被经验所迷惑，因为那些经验大部分是通过长时间的实践活动所取得和积累的，具有一定启发指导意义。然而，我们不能不认识到，经验有时只是人在实践活动中取得的感性认识的初

员工岗位 创新精神

步概括和总结，并未充分反映出事物发展的本质和规律。因此，我们必须学会质疑，在质疑中鉴别经验。

对问题提出疑问，通过自己的全新独立思考，我们会发现有很多看起来很难解决的问题，其实往往并不是难在问题本身，而是难在不容易打破约定俗成的思想观念。只要我们善于质疑，敢于质疑，发挥自己的思考能力，就不难发现问题的答案可能就在眼前。

★★★★★

在1968年的墨西哥奥运会上，一位年轻的美国选手迪克·福斯贝利在跳高时采用的是背对跳杆的方式，而所有其他竞争者都采用的是一直以来的俯卧式跳高。迪克·福斯贝利的做法让很多人大为震惊。记者采访他的时候，他说，在接受训练的时候，他开始想一个问题："跳高有更好的方式吗？我只能用俯卧式吗？"接下来，他开始做试验，寻找更好的跳高方式。最后，他找到了。在那一届奥运会上，他赢得了跳高的金牌，并改变了这项运动。迪克·福斯贝利对那时盛行的做法提出了疑问，从一个崭新的、横向的角度赢得了成功。

★★★★★

在岗位工作中，前人留给我们很多的经验和知识，让我们少走了许多弯路。然而，如果我们只是一味遵照前人的传统思路走下去的话，恐怕这个世界将会停滞不前了。不要被已成的学说压倒，不怀疑不能见真理。对旧观念怀有质疑，并跳出思维方式的框框开阔视野、创新思路，对我们掌握事物的本质将大有好处。所以员工要提高和发挥自己的创新能力必须敢于打破一切常规，勇于质疑。

★★★★★

2005年的诺贝尔生理学或医学奖授予了两位澳大利亚医生巴里·马歇尔和罗宾·沃伦，因为他们发现了幽门螺旋杆菌及其在胃炎与消化性溃疡疾病中所起的作用。而他们的发现，就是源于对权威的质疑。

对于沃伦和马歇尔的研究，2005年10月3日在斯德哥尔摩举行的新闻发布会上，瑞典罗林斯卡研究院诺贝尔奖委员会的一位成员诺马克评论说，澳大利亚人的细菌致溃疡理论"完全相左于传统的知识和教条"，因为大多数医生都坚信溃疡源自压力和胃酸。很多胃病专家都认为他们的说法"简直就是发疯。"但是，事实永远最有说服力，很快他们就发现，按沃伦和马歇尔的理论对病人使用针对幽门螺旋杆菌的抗生素，就能治愈他们的病人的溃疡。

1979年4月，在澳大利亚佩思皇家医院工作的42岁的沃伦在一份胃黏膜活标本中意外地发现了一条奇怪的蓝线，用高倍显微镜观察的结果是有无数的细菌紧粘着胃黏膜上皮。以后沃伦又在其他活体标本中发现了这种细菌。由于这种细菌总是出现在慢性胃炎的标本中，沃伦便认为它与慢性胃炎等疾病可能有密切的关系。

由于受"正统的"观点影响，同在佩思皇家医院的马歇尔一开始也对沃伦的假说没有什么兴趣。后来马歇尔碍于情面，为沃伦提供了一些胃黏膜活体样本，并进行了相关试验。经过几次尝试后，马歇尔成功地从几个生物活检组织中培养出了当时尚不知晓的细菌菌株，即后来被命名为幽门螺旋杆菌的细菌。他惊讶地发现，沃伦的观点是正确的。再后来，为了获得更多的证据证明这种细菌致病的作用，马歇尔和一位名叫莫里斯的医生还自愿进行了人体试验。他们服用经培养的细菌后都患了胃炎。马歇尔很快就痊愈了，但莫里斯则费了好几年时间才治好。

由于马歇尔和沃伦的发现，对幽门螺旋杆菌的研究才加强了，隐藏于疾病之后的病理机制持续地得到揭示。世界各大药厂也陆续投巨资开发相关药物，这也为后来治疗人类最普通的疾病之一——消化性溃疡疾病——奠定了基础。

人类的其他慢性炎症疾病，如节段性回肠炎、溃疡性结肠炎、类风湿关节炎和动脉粥样硬化也是起因于慢性炎症。幽门

员工岗位 创新精神

螺旋杆菌的发现已引起人类对慢性感染、炎症和癌症之间可能存在联系的深入认识，这也是沃伦和马歇尔成果的重要意义之一。

今天已经可以确认，幽门螺旋杆菌导致了90%以上的十二指肠溃疡和80%以上的胃溃疡。幽门螺旋杆菌感染与后来的胃炎及消化性溃疡疾病之间的关系也已通过志愿者的实验、抗生素治疗的研究而大白于天下。

沃伦说："长期以来，标准的医学讲义都是'胃是无菌的'，由于胃内有腐蚀性胃液，因此任何东西都不可能生长。所以每个人都相信胃里没有细菌。"他补充说，"当我说胃里有细菌时，没有一个人相信。"但是，他敢于向权威挑战，敢于质疑他们的观点，潜心于自己的研究。经过十多年的时间检验，他的发现终于获得别人的接受。

★★★★★

两位科学家的成功，正是敢于质疑权威的结果。一般来说，权威是任何时代、任何社会都实际存在的现象。人们对权威普遍怀有尊崇之情，这本来是可以理解的。然而，这种尊崇常常演变为神话和迷信。在思维领域，不少人习惯于引证权威的观点，不加思考地以权威的是非为是非。一旦发现与权威相违背的观点或理论，便想当然地认为其必错无疑，这就是束缚于权威型的思维枷锁。

一般来说，创新能力强的人大都具有思维反潮流的精神。他们不会屈从于权威，而是大胆质疑，小心求证，并最终发现一个全新的领域。

质疑的基础是事实和根据。事实和根据的来源有两种：一种是自己亲眼看见的，一种是听别人传说的。而对于传说的话，我们无论信不信，都应当经过一番思考，不应当随随便便就相信。我们信它，因为它"是"；不信它，因为它"非"。这一番事前的思索，不随便轻信的态度，便是怀疑的精神。这是做一切学问的基本条件。著名物理学家、诺贝尔奖获得者杨振宁在清华大学演讲时说："中国青年人的胆子要大一些。"用专家们的话来说，就是培养我们敢想、不唯上、不唯书的品质。

3

突破束缚，打破条条框框

创新的过程就是打破常规的过程，不打破一些条条框框，创新就是一句空话。在岗位创新中，循规蹈矩或是故步自封都限制了创新的可能，更抹杀了发展与自我突破的可能。

培养创新思维，首先就要做好思想上的准备——敢于超越常规，超越传统，不被任何条条框框所束缚，不被任何经验习惯所制约。只有这样，才能产生更宽广的思绪与触觉。

★★★★★

曾因成功进行人工合成尿素实验而享誉世界的德国著名化学家维勒，收到老师贝里齐乌斯教授寄给他的一封信。

信是这样写的：

从前，一个名叫钒娜蒂丝的既美丽又温柔的女神住在遥远的北方。她究竟在那里住了多久，没有人知道。

突然有一天，钒娜蒂丝听到了敲门声。这位一向喜欢幽静的女神，一时懒得起身开门，心想，等他再敲门时再开吧。谁知等了好长时间仍听不见动静，女神感到非常奇怪，往窗外一看：原来是维勒。女神望着维勒渐渐远去的背影，叹气道：这人也真是的，从窗户往里看看不就知道有人在，不就可以进来了吗？就让他白跑一趟吧。

过了几天，女神又听到敲门声，依旧没有开门。

员工岗位 创新精神
YuanGong Gangwei Chuangxin Jingshen

门外的人继续敲。

这位名叫肖夫斯唐姆的客人非常有耐心,直到那位漂亮可爱的女神打开门为止。

女神和他一见倾心,婚后生了个儿子叫"钒"。

维勒读罢老师的信,唯一能做的就是一脸苦笑地摇了摇头。

原来,在1830年,维勒研究墨西哥出产的一种褐色矿石时,发现一些五彩斑斓的金属化合物,它的一些特征和以前发现的化学元素"铬"非常相似。对于铬,维勒见得多了,当时觉得没有什么与众不同的,就没有深入研究下去。

一年后,瑞典化学家肖夫斯唐姆在本国的矿石中,也发现了类似"铬"的金属化合物。他并不是像维勒那样把它扔在一边,而是经过无数次实验,证实了这是前人从没发现的新元素——钒。

维勒因一时疏忽而把一次大好时机拱手让给了别人。

★★★★★

种种习惯与常规随时间的沉淀,会演变成一种定式、枷锁,阻碍人们的突破和超越。生活中常规的层层禁锢所产生的连锁效应不止于此,我们要做的工作就是打破一切规则。只有敢于超越,才能赢得创造。

★★★★★

现在市场上的罐装饮料,很重要的一种是茶饮料。罐装茶饮料始于罐装乌龙茶,它的开发者是日本的本庄正则。

千百年来,人们习惯于用开水在茶壶中泡茶,用茶杯等茶具饮茶,或是品尝,或是社交,或是寓情于茶。而易拉罐茶饮料则是提供凉茶水,作用是解渴、促进消化、满足人体的种种需求。将凉茶水装罐出售是违反常识的,它抛开了茶文化的重要内涵,取其"解渴、促进消化"的功能。将乌龙茶开发成罐装饮料的成功创意,产生了经营上"出奇制胜"的效果。在公司经营下,这种看似违反常规的行为,实则是一种不错的经营之道。

本庄正则从20世纪60年代中期开始涉足茶叶流通业，他购买了一个古老的茶叶商号——伊藤园，并把它作为自己公司的名称。

伊藤园发展成茶叶流通业第一大公司，本庄正则投资建设了茶叶加工厂，把公司的业务从销售扩大到加工。1977年，伊藤园开始试销中国乌龙茶，并在短时间内获得畅销。但到了20世纪80年代，乌龙茶的销售达到了巅峰并开始出现"降温"倾向。

在这种情况下，本庄正则必须思变，否则事业将遭受沉重的打击。乌龙茶不好销了，茶叶的新商机在哪里呢？

早在20世纪70年代初茶叶风靡日本时，本庄正则就萌生了开发罐装茶的创意，但当时的技术人员遭遇到了"不喝隔夜茶"这一拦路虎，因为茶水长时期放置会发生氧化、变质现象，不再适宜饮用。因此，罐装乌龙茶的创意暂时不可能实现。

要使罐装乌龙茶具有商机，必须攻克茶水氧化的难关，从创造的角度上讲，这也是主攻方向。

于是，本庄正则投资聘请科研人员研究防止茶水氧化的课题。时隔一年，防止氧化的难题解决了，本庄正则当机立断开发罐装乌龙茶。

在讨论这项计划时，12名公司董事中有10名表示反对，因为把凉茶水装罐出售是违反常识的。然而，长期销售茶叶的经验告诉本庄正则，每到盛夏季节，茶叶销量就要剧减，而各种清凉饮料的销量则猛增。他坚信，如果在夏季推出易拉罐乌龙茶清凉饮料，一定会大有市场。在本庄正则的坚持下，伊藤园开发的易拉罐乌龙茶清凉饮料于1988年夏季首次上市，大受消费者欢迎。乌龙茶销售又再现高潮，而且经久不衰，直到今天。

员工岗位 创新精神

试想，如果不是本庄正则有超越常规的创新思维，敢于不按常理出牌，也就不会有乌龙茶销售的再一次热潮，更不会有茶饮料丰富样式的出现。

在人们的思维中，西瓜是圆的，然而国外却开发出了方形西瓜，不易滚动，占据空间小，运输、储存、装卸都方便多了，其独特和新奇当然可以吸引更多的消费者，这就是破界带来的效果。只要破了界，看到的必将是另一个崭新的天地。

★★★★★

在休闲活动走向惊险刺激的潮流之下，许多人选择了跳伞训练来挑战自己的胆量。就在一次例行的业余跳伞训练中，学员们由教练引导，背着降落伞有序登上运输机，准备进行高空跳伞。

突然，不知哪个学员一声惊叫，随着这一声叫声，大家才发现，竟然有一位盲人带着他的导盲犬，正随着大家一起登机。更令人惊异的是，这位盲人和导盲犬的背上也和大伙儿一样，有着一具降落伞。

飞机起飞之后，所有参加这次跳伞训练的学员们，都围着那位盲人，七嘴八舌地问他，为什么要参加这一次的跳伞训练。

其中一名学员问道："你根本看不到东西，怎么能够跳伞呢？"

盲人轻松地回答道："那有什么困难的？等飞机到了预定的高度，开始跳伞的警示广播响起，我只要抱着我的导盲犬，跟着你们一起排队往外跳，不就行了？"

另一名学员接着问道："那……你怎么知道什么时候该拉开降落伞？"

盲人答道："那更简单，教练不是教过？跳出去之后，从一数到五，我自然就会把导盲犬和我自己身上的降落伞拉开，只要我不结巴，就不会有危险啊！"

又有人问："可是……落地时呢？跳伞最危险的地方，就在落地那一刻，你又该怎么办？"

盲人胸有成竹地笑道："这还不容易，只要等到我的导盲犬吓得歇斯底里地乱叫，同时手中的绳索变轻的刹那，我就做好标准的落地动作，不就安全了？"

跳伞活动结束以后，盲人和所有学员一样，安全顺利地抵达了地面。

★★★★★

盲人就不能跳伞，因为他的眼睛看不见。许多人都想当然认为这是正确的。其实只要创造一些条件，盲人照样可以跳伞。天下没有绝对正确的法则，也没有所谓的标准答案，凡事都想当然，就很容易让思想僵化。

有一句名言："不要被教条所限，要听从自己内心的声音，去做自己想做的事。"在创新进程中，做自己喜欢做的、想做的事是非常重要的。因为这可以使自己工作起来充满快乐和灵感，达到事半功倍的效果。

许多事情看似不可能，其实是被常规束缚了，打破常规，许多不可能就会变为可能。当然，要摆脱和突破常规思考法的束缚，常常需要付出极大的努力。员工只有转变现有的观念，创新工作思路，摆脱束缚，才能更好地开展工作。纵观事业取得成功的人，没有一个属于那种因循守旧的人，而都是能够站在适时创新的立场上，考虑各种问题的人。

所以，我们要敢于打破常规，试着以一种独特的视角去思考问题，摆脱固有模式。那么即使再大的困难也会迎刃而解，再难以落实的工作也会得到彻底执行。因此，工作不能总是按老规矩、老观念、老习惯、老脑筋去办，而是要"变"，变则通，不变则永远不通。俗话说："山不转，水转；水不转，人转。"遇到问题时，只要肯找方法解决问题，就能取得想要的结果。

员工岗位 创新精神
Yuangong Gangwei Chuangxin Jingshen

4

寻找差异，做别人不做的事

有位经济学家曾讲过一个生动而有趣的事例：如果一个犹太人在美国某地开了一家修车店，那么，第二个来此地的犹太人会想方设法在那儿开一家饮料店。这就是差异化。

差异化创新是企业进行市场竞争时所采用最多的策略之一，所谓差异化就是指企业自身的产品、服务、人员、形象等各方面，区别于竞争者的营销策略。使客户或者消费者能够区分开来，选择自身比较偏好的产品或服务。

在创新中别人都卖的我们不卖，别人都做的，我们不做，我们只做市场上没有或者很少的产品。能够避开与竞争对手的价格战，采取以质量取胜或以全方位的服务提高产品的附加值的方式来赢得竞争优势。

★★★★★

江南春的成功之路总是被人津津乐道，这位靠着三厘米厚的液晶显示屏成为亿万富翁的传奇人物，正是靠着差异化的创新而发家的。

一次，江南春在等电梯的时候，注意到电梯门上贴着一张舒淇的海报，江南春非常喜欢舒淇，正想仔细地欣赏一下那张海报的时候，电梯来了。江南春不得不走进电梯，在电梯门关上的那一刹那，他突然迸发出一个灵感：有多少人像我一样，在这个封闭的空间里看不到自己想看的东西呢？这是人们不方便之处，可别人的麻烦就是我们的商机。在等电梯的时候也是如此，大家都非常无聊，只能干瞪眼，这时候如果在电梯的壁上放个屏幕，播放些内容，肯定会有很高的"收视率"。

江南春没有迟疑，回到公司就开始动手操作，经过努力他成功地实践了自己当初的创意，在很多城市都可以看到江南春的楼宇电视广告，而江南春的公司现在也家喻户晓，成为传媒界的一朵奇葩，那就是分众传媒。

这的确是一个非常好的创意，对于等候电梯的人来说，楼宇广告使大家走出无聊；对于所投放的楼宇而言，能把地方充分利用起来，赚取不菲的收益；而对于广告客户而言，投放广告有针对性，而且因为"收视率"高，所以广告效应更好；对于江南春自己而言，他也得到了丰厚的利润回报。

★★★★★

可以说，江南春之所以成功，靠的就是独创性。所以，一个人要想取得成功，有大的发展，就必须去创新，努力做到"人无我有，人有我新"。只有这样，才会立于不败之地。对此，马云说："当今世界上，要做我做得到而别人做不到的事，或者我做得比别人好的事情，我觉得太难了。因为技术已经很透明了，你做得到，别人也不难做到。但是现在选择别人不愿意做、别人看不起的事，我觉得还是有戏的。"

★★★★★

有一次，一位苦于买不到衣服的胖女士安妮走出第六家服装店，真的有些绝望了，难道偌大一个新加坡就真的买不到一件适合自己穿的时装？从生下第二个孩子开始，不到三年的时间，安妮的体重增加了80磅，到处都买不到像她这样身材的女人可以穿的漂亮时装。时髦的新款没有大号码，有大号码的款式既难看又过时。那些时装设计师和商人们，只注意到那些身材苗条的女人，真的有些忽略了为数众多的肥胖女人。无奈的安妮只好自己动手做起各式各样的时装来。好在对于曾经是服装设计专业高材生的她来说，这并不是一件很困难的事情。

员工岗位 创新精神

有一天，买菜回家的路上，安妮遇到了两个和她差不多胖的女人。她们惊讶地问她的衣服是在哪儿买的。当得知是安妮自己做的时候，两个胖女人摇着头失望地走了。安妮回到家中，突然一个念头涌上来：能不能开一家服装店，专门出售自己设计的为胖女人制作的有型有款的时装？

第二天安妮就风风火火地干起来。新店开张后，生意出乎意料的火爆。原来，竟有那么多胖女人渴望着专为她们设计的服装。没有多久，安妮的时装公司就拥有了16家分店。她每年定期去欧洲进布料，在美国各地飞来飞去巡视业务，豪宅、名车也随之而来。最让安妮高兴的是，她每天都可以穿一件自己设计的漂漂亮亮的时装去逛街。

不久，美国内华达州举行"最佳中小企业经营者"选拔赛，安妮赢得了冠军。安妮夺冠的秘诀其实很简单，只不过把服装尺码改了一个名称而已。一般的服装店都是把服装分为大中小以及加大码四种，安妮唯一不同的做法就是用人名代替尺码。玛丽代替小号，林思是中号，伊丽莎白是大号，格瑞斯特是加大号。她们都是女强人。这样一来，顾客上门，店员就不会说"这件加大号正合你身"，取而代之的是"你穿格瑞斯特正合身呢"。

安妮说："我注意到，所有上店里来买大号和加大号的女性，脸上都呈现出不很愉快的表情。而改个名称情况就完全两样了，况且这些人都是名声很响的大人物。"在挑选店员时，安妮也别具匠心，站在大号和特大号服装前的店员个个都是胖子，无形中又使顾客消除了不好意思的感觉，因而顾客盈门，利润滚滚。

★★★★★

差异化创新就是做别人不做的事，走别人不走的路。冷门工作反而有创新成长机会。因为做别人不愿意做的事，竞争者少，事半功倍，容易成功。每个人的智商都是差不多的，大家都想做的事，一定会竞争激烈，相对你自己来讲机会就很少了。因别人都不愿意做，所以竞争者较少，你的机会就会更多，就更容易取得事半功倍的效果。

5

敢冒风险，勇于尝试新事物

创新就是敢于冒险。一个人若总是安于现状，墨守成规，碰到事情总要瞻前顾后，然后依照他人的做法"依葫芦画瓢"，就谈不上创新。事实上，善于创新者，都是敢于冒险、勇于尝试新事物的人。所以，他们往往更能抓住成功的机会。

★★★★★

一艘美国核动力潜水艇在波罗的海执行巡逻任务时，突然发生了意外故障，失去控制的潜水艇急速下沉，艇内的23名船员被沉入海底43米处。海水压力太大了，他们根本就不能出去，即使能出去，强大的压力也会对人体造成巨大伤害。可是如果困守在艇内，用不了多久，就会因缺氧而死。20多条人命都掌握在自己手里，船长感到压力倍增。但他还是镇静地发动大家动脑筋、想办法。时间一分一秒地过去了，艇内氧气越来越少，却还是没有人想出什么逃生的好办法，甚至有人绝望了。

这时船长产生了一个大胆的想法：鱼雷可以从发射管发射出去，能不能把人当作鱼雷从发射管发射出去呢？当听到船长的设想后，船员们吓得目瞪口呆，把人当作"海底肉弹"从发射管发射出去，这能行吗？也太危险了吧！

员工岗位 创新精神
Yuangong Gangwei Chuangxin Jingshen

这时候，船长镇静地说："人和鱼雷粗细差不多，所以肯定能从鱼雷发射管中发射出去，我可以把射程控制在 43 米左右，使人安全地到达海面。"

"可是这样做安全吗？"一名船员胆战心惊地问。

"与其坐以待毙，不如铤而走险。关键就要看我们的毅力和勇气了！胆小的在后面，胆大的先上！但有一点，每个人在被发射前，必须排空肺部的空气，再屏气半分钟，否则，在发射过程中人的肺部就会因剧烈扩张而爆炸，就像海底的鱼不小心蹿到海面上内脏爆炸一样。"

几分钟后，大家衡量了一下眼前的形势，决定冒险一试。最后的结果是怎样的呢？没错，艇内所有人都成功逃生了。

★★★★★

任何创新都是有风险的，都有不成功的概率。如果拒绝冒险，虽然能获得一时的安逸，但代价往往是丧失自己成功的机会，甚至会失去生命。把活人当作鱼雷发射出去，这个做法真是前所未有，够大胆，也够危险了。按照常规手段逃生已经来不及了，怎么办？船长独辟蹊径，用发射鱼雷的方法将船员一个个发射到水面上，却成功地挽救了船上所有人的生命。可以说，是船长的勇于创新救了大家。

创新有时候需要冒险精神，需要魄力和勇气。有限度地承担风险，无非就是两种结果——成功或者失败。成功了，就有了新的出路。就算失败了，也会清楚为什么做错了，学会以后避免这么做，这也是一种成长啊！其实，许多表面上看来不可能的事情，只要有胆量去做，并且付出自己的努力，就可能会给人们带来意想不到的成功。一位喜剧大师曾在他的自传中写道："要记住，历史上所有伟大的成就，都是由于战胜了看来是不可能的事情而取得的。"

★★★★★

北京天安门历来是备受瞩目的地方。1994 年 6 月 28 日早上 9 点，"逛北京、爱北京、建北京"大型旅游文化活动在天安门广场正式开始，无数信鸽冲向蓝天。人们惊讶地发现，飘荡在蓝天上的12只巨大的气球拖着一道道长长的布幅，布幅上红艳艳的大字格外醒目华懋双汇集团漯河肉联厂祝逛北京活动圆满成功！当时的现场轰动，接着来的就是媒体铺天盖地的报道，《漯河内陆特区报》《河南日报》《人民日报》河南广播电台等均有报道。《中国青年报》写到："能否在天安门广场做广告，这个话题争论了好久，如今却被来自河南的一家火腿肠厂定论了。"看看这场盛大的广告的花费吧，说来也许难以置信，华懋双汇集团才花了12万元，这钱连人民日报半个广告版面都买不下来。据说当时相关负责人的想法是反正也要挂气球，何不节省点开支呢。到后来，再想有人进军天安门做广告时，掏几百万也拿不下了。

　　看看广告效果，华懋双汇集团在1991年产值、利税仅分别为1.7亿元和463万元，是个名不见经传的小企业。自从双汇在1992年上马，1994年又成为人尽皆知的民族品牌后，华懋双汇集团的经济实力迅速膨胀，现今已是国家大型企业了。

★★★★★

　　由于当时在天安门做广告是有风险的，所以这"第一广告"才引起了全国的轰动效应。但是我们又要看到，在天安门做广告，不是没人想到，而是没有人有胆量来做。所以，要想创新，要想取得更大的成功，就得有敢为天下先的勇气。

　　创新在于勇敢尝试，成功一向青睐有勇气的人。然而，每个人的天性中都有着喜爱安逸的惰性，比较容易受到环境的影响。许多人在青少年时期都满怀壮志，最后却一事无成，大部分原因就是因为在安逸的生活、学习环境中待久了，渐渐地失去了斗志，致使自己的思维能力和应变能力也渐渐地迟钝，失去敏锐性，创新的勇气被渐渐消磨了。因此，员工在岗位创新中一定不要养成畏首畏尾，只做"温室中的花朵"的坏习惯，而要养成大胆冒险、勇于尝试的好习惯。

员工岗位 创新精神
Yuangong Gangwei Chuangxin Jingshen

6

先模仿后创新，边学习边改进

现在一提到创新，很多人都会跃跃欲试，想搞出一个前无古人后无来者的东西来证明自己非凡的创造力。而对模仿不屑一顾，似乎模仿别人的东西就永远生活在别人的阴影里而搞不出什么大的发明创新。这种态度其实是不对的。模仿创新也是岗位创新精神的重要内容。

模仿创新即通过模仿而进行的创新活动，一般包括完全模仿创新、模仿后再创新两种模式，另外模仿创新还有积极跟随性等特点，员工可以在岗位工作中边学习边改进。

★★★★★

腾讯公司一直被讥讽为模仿大户，有人用"一直在模仿，从未被超越"这样的调侃来形容腾讯，如果细究腾讯的产品开发史，确实是这样。网络上还有下面这样的段子专门说明腾讯的模仿：

你出 ICQ，我就出 QQ；

你出迅雷，我就出 QQ 旋风；

你出 PP Live，我就出 QQLive；

你出淘宝网，我就出拍拍网；

你出泡泡堂，我就出 QQ 堂；

你出诛仙，我就出寻仙；

你出劲舞团，我就出 QQ 炫舞；

你出 CS，我就出 CF；

你出开心农场，我就出 QQ 农场；

你出百度知道，我就出搜搜问问；

你出 360 安全卫士，我就出 QQ 电脑管家；

你出新浪微博，我就出腾讯微博；

你出暴风影音，我就出 QQ 影音；

你出金山词霸，我就出 QQ 词典；

你出手机 UC 浏览器，我就出手机 QQ 浏览器；

你出米聊，我就出微信；

……

好像腾讯的发展史就是一部模仿史一样，确实，腾讯每次都不是第一个吃螃蟹的人。但腾讯的模仿并非全部照搬，而是每一次模仿之后都有微小的创新，这才是腾讯之所以"一直在模仿，从未被超越"，并能成为互联网巨头的关键原因。即便是模仿，只要是有创新地模仿也会成为伟大的产品。

模仿创新优势在于可节约大量研发及市场培育方面的费用，降低投资风险，也回避了市场成长初期的不稳定性，降低了市场开发的风险。但是同时难免在技术上受制于人，而且新技术也并不总是能够轻易被模仿的。随着知识产权保护意识的不断增强，专利制度的不断完善，要获得效益显著的技术显然更不容易了。

模仿创新具有以下几个方面的特性：

第一，积极跟随性。一是体现在技术方面，二是体现在市场方面。在技术方面，模仿创新不做新技术的开拓探索者和率先使用者，而是做有价值的新技术的积极追随学习和改进者。在市场方面，模仿创新者也不独自去开辟全新的市场，而是充分利用并进一步发展率先者所开辟的市场。

第二，市场开拓性。模仿创新在市场方面同样具有开拓性。开辟新市场，激发新需求是技术创新的一个重要特点和内容，模仿创新也不例外。模仿创新不仅是抢占率先创新者已开辟的市场空间，而且包含着对

员工岗位 创新精神

新市场空间的进一步拓展和扩充。

★★★★★

2007年7月iPhone上市的时候,大多数人认为它不过是将iTunes与苹果OS系统独特的"触摸图标按钮"移植到了手机上。但是到了2009年,当苹果APP应用程序达到30万个以后,借助iPhone4的上市,苹果重新定义了智能手机。不甘被苹果垄断的手机(包括互联网、电脑)企业如梦方醒,开始寻找打破苹果iPhone/iPad垄断的缺口,谷歌的安卓(Android)操作系统应运而生。

安卓系统的研发始于2007年11月,说明在iPhone上市后谷歌很快就瞄上了苹果OS系统,安卓实际上就是一个模仿苹果OS+APP模式的新操作系统。与苹果不同的是,谷歌采取了与苹果封闭系统不同的商业模式创新:安卓第一版上市时,即与34家手机厂商、运营商成立"开放手机联盟(OHA)",以开放系统对阵强势的苹果系统。

仅仅用了不到两年时间,安卓系统手机的APP、用户数、手机份额、下载量等都遥遥领先。

★★★★★

从安卓案例中,我们可以看到模仿创新的重要意义。如果想模仿某家成功企业,管理者可以亦步亦趋地照其方式去做,也可根据自己的目的,只把其方案当做样板来参考。如果对方知道模仿者在使用他的设计方案而乐于帮助,模仿的效果也会更佳。

值得注意的是,自满是模仿创新的大敌。如果企业在市场竞争中满足于现状,技术进步和模仿创新停滞不前,那么不管这个企业过去经营多好,照样会在市场上落伍。因此,自满是模仿创新的大敌。

此外,市场需求是模仿创新的根本。纵观现代国际市场,精明的模仿者无不把眼光紧紧放在人们的日常生活方面,从生活中找市场,寻求发展,把自己的事业植根于人们的生活需要中,并视为制胜于人、立于不败之地的法宝。模仿创新必须随处留意同自己业务相似并获得成功的经营明星，及时追踪在社交场合中得到的有关信息。

7 重视细节，小创造小发明同样是创新

"天下大事，必作于细"，我们的日常工作其实是由许多细节和一件件小事组成的。面对千变万化的细节小事，再好的预设也无法预见工作中可能出现的很多情况。因此，在岗位创新工作中必须关注每一个细节，重视细节创新才能成功，忽略细节就可能造成失败。

"大姨吗"是一款以女性生理期健康为核心，关爱女性健康的手机应用。自2012年1月上线，短短18个月就拥有了2000万女性用户。产品下载量和活跃度稳居同类产品前三名。如今，"大姨吗"已经有8000多万用户，在线注册用户3000多万人。用户年龄集中在21～27岁，这正是中国最大的智能手机用户群体。"大姨吗"还凭借其独特的魅力，吸引了包括天使投资人在内的投资家目光，吸纳了近亿元的风投资金。

在这款产品中，用户可以利用APP记录经期的开始时间和结束时间，以及每个周期产生的不同症状，也可以按照自己的意愿记录生活习惯。这款应用会对用户记录的信息进行科学的计算分析，并在月经来临之前温馨提醒，预测排卵期和安全期。另外，根据用户所处的阶段提供营养、健康、美容、心灵小贴士。虽然女性的经期只有七天，但是"大姨吗"服务的

员工岗位 创新精神

是用户的整个生理周期。

本来，这样的计算在很多女性眼中都不算什么，但是基于数据的记录和计算满足了女性用户的"惰性"，这样的产品获得大量的用户完全是因为将女性本身的需求无限放大，并加以整合。这样，用户自然就会逐渐爱上这款产品。

"大姨吗"CEO柴可是个留着小胡子的男青年，好像和纯为女性服务的"大姨吗"扯不上多少关联，但正是他的细心，成就了自己的事业。

柴可的女朋友每月来月经，总是头痛，却始终查不出病因。医生说这个在医学上还没有明确的病理定义，但出于经验的判断，可能与饮茶、咖啡等有关。"女性的经期每月都有，会伴随着女人几十年，这是刚需。"一个朋友开玩笑的话提醒了他，他想为什么不能做一款提醒女孩不要在错误的时间做错误的事，帮助她们减轻痛苦的"工具"来？就这样，柴可找到了创业的方向，"大姨吗"就此诞生。

做"大姨吗"，最大的问题就是自己是男人，但男人有劣势也有优势，劣势就是无法感同身受，优势就是能客观地看待"大姨妈"这个事情。柴可和他的队友一起，每天上班的八个小时都在研究月经，他们查阅了世界上所有的妇科学、统计学，囊括黄种人、白人、黑人妇女经期的记录。"连上班挤公交时也要看手机上下载的资料，经常有女乘客斜眼看我，认为我'有病'。"除了学习医学上的知识，柴可和他的队友每个月也要有那么几天，和女性一样，垫着最大型号的护垫。就是想感同身受女性那几天的痛苦，这样才能研制出好的产品来。

2012年1月，"大姨吗"一上线，用户从0到20万、200万、2000万，异常火爆。女性用户们亲切地叫柴可为"大姨爹"，而柴可也乐于接受这个称呼。

管理大师彼得·杜拉克说:"行之有效的创新在一开始可能并不起眼。"而这不起眼的细节,往往就会成就创新的灵感,从而让一件简单的事物有了一次超常规的突破。杜拉克认为,创新不是那种浮夸的东西,它要做的只是某件具体的事。企业要真正达到推陈出新、革故鼎新的目的,就必须要做好"成也细节,败也细节"的思想准备。否则,所谓的创新只能是一句空话。所以,创新不一定是"以大为美",小创新小发明一样是推动企业进步的力量。

★★★★★

日本丰田公司以不断创新闻名于世。丰田公司原以研制纺织机械为主,1929年正值世界纺织业兴旺之时,毅然转向汽车工业,比美国的福特公司晚半个世纪,也比日本第一部轿车"ARROW"晚了20年。但丰田以其不断出新的技术和产品,最终成为日本汽车工业的老大,坐上了今天世界汽车工业第三把交椅。

在丰田公司,对于每一个岗位的创新和发明的重视远超其他企业。早在1951年,丰田公司就开始推行了"动脑筋、提方案"制度,以每项方案500日元到20万日元不等的奖金鼓励,动员每个员工提革新方案。1998年共提出70万条方案,平均每个员工10个方案,而且90%以上被采纳了。这些方案中,绝大部分是一线工人提出,经专业人员不断改进和完善而形成的,而且有些方案具有很高的使用价值和经济价值。

★★★★★

小发明常常会解决大问题,特别是一线工人,由于处于生产的最前沿,他们的创新和发明更多的是着眼于实际,着力解决生产和生活中的问题而进行的,所以这些小发明小创新往往能解决生产和生活中的大问题,为企业带来可观的效益。任何一个敢于思考、勤于思考、善于思考的员工,都可以创新,并且这种创新都是最具有实用性的、最能解决问题的创新和发明。上海宝钢一位普通的修理工人就是立足自己的岗位,着眼解决实际问题,大胆发明创新的员工典范。

员工岗位 创新精神
Yuangong Gangwei Chuangxin Jingshen

孔利明，人称"孔发明"，1951年出生，17岁下乡，1984年回城到宝钢运输部当工人，现为宝钢运输部电气高级技师，是上海市拥有职务发明专利最多的人。一个只有初中文化水平的普通的汽车电气修理工，在宝钢这个现代化的钢铁企业里，却演绎了一个又一个令人惊叹的发明故事，成为成果赫赫、贡献卓著的"全国十大杰出职工"、劳动模范、发明大王。这就是立足岗位、勤于思考的结果。

宝山钢铁总厂是我国改革开放初期兴建的大型钢铁联合企业，引进了当时国际上最先进的技术和设备，包括从日本、美国引进的承担生产运输任务的大部分重型车辆。

孔利明那时刚进厂不久，在运输部当汽车电气修理工。工作中他发现，进口汽车的部分易耗件用量很大，而国外备品又价格高昂，如进口蓄电池的使用寿命只是国产品的两倍，但价格却是国产品的6倍。这让孔利明心痛不已，于是向厂里建议使用国产配件。可驻厂的日本专家却一口咬定：中国蓄电池无法在进口车上使用，必须从日本进口。孔利明想跟专家问个究竟，但日本人根本不理他，分派他去干些杂活儿了事。孔利明咽不下这口气，利用业余时间悄悄地琢磨，做了大量实验，终于探索出进口车辆与国产蓄电池搭接使用的可行方案。孔利明的方案推广以后，效果非常明显，当年就为宝钢节省外汇15万元。

现在回想起来，孔利明说："那时候我们的技术和装备水平比较落后，对洋专家的结论有种迷信。其实任何技术和设备都存在改进的余地，进口设备也并不是高不可攀，这项改造技术难度并不大，却让我从此树立了信心。"正是这种不盲从、不迷信的探索勇气，使孔利明克服一个又一个生产技术难题。

1998年9月的一天，宝钢从美国引进的装载机启动电机的"头壳"突然断裂，随即掉进了发动机腔内。发动机上方只有一个手臂粗的洞口，有 1 米多深，"头壳"掉在什么地方既看不见，又摸不着，用磁铁也不行，因为发动机里面全是铁的。装载机马上熄火，"瘫痪"了。如果等美国专家来维修，每天停产损失就在 30 万元以上。就在大家束手无策之际，孔利明说了句"给我一晚上的时间"，揽下了拯救"洋机"的活儿。

回到家里，孔利明把自己关在"实验室"里苦思冥想，也想不出一个有效的办法。迷迷糊糊天已发亮，由于劳累，他那胃溃疡的老毛病又发作了，但是这胃痛的感觉却让他一下子计上心来，他想，寻找洞内异物得先探方位，犹如胃镜检查胃底的溃疡，那种不开刀的手术就是由内窥镜定位，再伸进手术刀进行操作，而现在机器的情形岂不雷同？他立即振作起来，打开"百宝箱"，找出平时悉心收集的电视摄像头、红外光源，利用胃窥镜原理，做了个简易的探视头。第二天，用孔利明的土办法，没拆一个螺丝钉，就顺利把断裂物从发动机中取出，卡特装载机顷刻之间恢复了工作。

"人生好比金字塔，底座越厚实，顶点就垒得越高。"孔利明时时提醒自己，要努力学习，对新知识、新技术的追求永无止境。随着创新攻关领域的拓展，孔利明也在不断地更新自己的知识。20 世纪 80 年代，孔利明家里和其他宝钢职工家里一样，陈设俭朴，可有两处却近乎"奢侈"，那就是他家的报箱和家庭实验室。孔利明每年都要花费 600 多元钱订阅各种技术报刊、杂志，以跟踪最新的技术信息，垒实自己的"知识底座"。他 30 岁学英语、40 岁学打字、50 岁学电脑，硬是从一个只有初中文化水平的汽车电气修理工，成为宝钢运输部解决现场工作难题的"总指挥"，他每年总会搞出许多让人拍案叫绝的专利发明。

为了从问题中"觅宝"，孔利明家的书房变成了工作室，大大小小柜子如"百宝箱"，里面线路板、雷达、试剂等应有尽有。他自己掏钱添置的精密仪器比家具还值钱，单价都在万元以上。身处这座"宝山"的孔利明,以一双随时捕捉问题的眼睛、一副穷追不舍的脑筋,把一个个问号最终变成感叹号。

为了工作方便,孔利明投资为自己置办了数码相机、录音笔和笔记本电脑等现代工具,并经常将三件"宝贝"带在身边。这三样工具各有自己的电源和输入输出线,使用中很不方便。他反复琢磨,发明了数码相机充电连接器,仅1个零件和3根电线就能让数码相机向电脑传送照片时兼带充电,并及时申请了专利。就在他申请专利3个月后,日本索尼公司也找到了这个窍门,兴冲冲来华申请专利,却发现被一个上海工人抢了先,无可奈何铩羽而归。

库存的成品钢卷常被腐蚀生锈,孔利明经过一段时间的观察发现,行车空调的冷凝水从高空飘下,洒落在裸露的成品卷上,形成斑斑锈迹。他和工友们动手设计了10多套方案,可没有一个满意的。那段日子孔利明经常在家里做试验,弄的家里到处都湿漉漉的。满室的水雾,使家中的电脑受潮坏掉了。正当孔利明百思不得其解时,家中的挂历《雾中黄山》让他豁然开朗,"如果让水变成冷雾,在冷轧厂温度这么高的环境里,冷雾就飘走了。"他马上动手,走进卫生间,用电炉对着房间加热,使房间与冷轧厂房内的环境相似;又加了一台风扇,让室内空气流通;接着利用机械震荡原理,使水变成冷雾……创新小组根据这一思路制作了一个蒸发器,顽症彻底解决了。

孔利明是个碰到问题就兴奋的人,这些年来,他累计为宝钢解决了各类设备的疑难杂症350余个,创造经济效益1500余万元;他发明的"废钢装卸防坠增效"和"启动点磁铁强最大值提示器""温控起重电磁铁"等多项技术,使宝钢港机作业安全率达到百分之百,效率提高了30%以上。孔利明研制的我国第一台"高温物性熔面自动定位仪",实现了对高温熔面的自动定位,工作精度比原来提高了60倍。这项新颖的设计不但能应用于测试分析技术,还能广泛应用在化工、冶炼等高温熔面监测定位控制技术领域。另外，他还完成与日常生活有关的创新发明400多个。

也有人觉得孔利明的发明创造太简单了，如汽车转弯报警器等，都不是高难度的创新。其实，任何伟大的发明创造在产生之后似乎都变得简单，容易解释。孔利明的一些发明创造在技术上并不高难，也许有人早就想到了，但却没有做到，而孔利明则是想到了，做到了，发明创造也就出现了。孔利明就是这么一个想到做到的人。

孔利明坚信，"人人是创造之人，时时是创造之时，处处是创造之地"。在他的影响下，许多个创新团队在宝钢活跃起来了，孔利明也带了不少徒弟。开始时，徒弟都觉得搞发明太神秘了，而工人搞创新，难！徒弟们问："您那么多灵感是从哪里来的？""想，多想，千虑一得嘛。"孔利明经常用讲故事的方式启发诱导徒弟，让他们明白，发明创新就在身边。他常说："发明创新就在身边，只有善于发现，才能不断创新。"

★★★★★

岗位创新的力量是巨大的，国家和企业都已深深地意识到了这一点。当前我国正在大力建设创新型国家、创新型社会，企业和员工的创新热情都很高，特别是在全国职工中广泛开展的"五小"创新活动，取得了很大的成绩，为社会、为企业带来了相当可观的效益。

"五小"活动是以"小发明、小改造、小革新、小建议、小设计"为主要内容的经济创新活动，是由工会组织以提高经济效益和职工人才建设为目标，紧密结合企业技术进步和节能降耗，从小处入手，立足小改小革而进行的群众性技术革新、创造发明和献计献策活动。近些年通过在全国的大力推广，取得了极大的效益。一大批身处一线的平凡员工也脱颖而出，成为岗位创新能手。

★★★★★

河南漯河市一直把"五小"活动作为职工经济技术创新活动的重要组成部分，鼓励员工围绕工程质量，解决工序配

员工岗位 创新精神

套、优化工艺结构、理顺生产流程、创造精品工程、控制成本费用等方面自主创新，成效显著。仅2008年就有技术水平高、实用性强、经济效益好的"五小"成果210项，据不完全统计，这些创新成果创造经济效益3亿多元。自2005年以来，漯河市通过职工"五小"活动创新创造经济效益10多亿元。

开展"五小"创新活动，使大批平凡的"小专家""小博士""小诸葛"等"创新能手"脱颖而出。王奇峰原是银鸽集团的一名看汽工。他采取合理控制程序的办法，把每生产1吨纸用汽4吨减少到3吨。而节省1吨汽即可节省130元，按照银鸽集团的生产规模，每年仅用汽量就可减少近40万吨，节约成本500万元。他还通过增加水温、改变喷水方式等办法，对造纸成型网和毛毯用水进行工艺改造，使每吨纸的用水量减少了近一半。王奇峰不仅获得了银鸽集团百万元创新基金的巨额奖励，还多次被评为"银鸽之星"，由集团公司组织到国外旅游，足迹踏遍了10多个国家和地区。漯河高级技工学校柴会轩、马占欣等5位教师研发的"机床线路故障检修实训与考核装置"，是一种实习教学设备，具有广阔的市场前景。

★★★★★

小发明、小革新、小改进、小窍门、小建议、小节约……可别小看了这些"小"活动，在一个个创新成果的带动下，一批批协同工作的创新团队、创新基地不断涌现，一大批创新型员工脱颖而出，这些小活动引发的大效益更是使企业更加看重这些小活动，使小活动开展得更加丰富多彩，且效益惊人。

在"创新创业"的进程中，广大一线工人是创新发明的生力军，每一个员工都可以成为岗位创新的能手，每一个员工都可以在自己的岗位上做出可喜的成绩来。不要怕创新小，小小的革新就能为企业带来可观的效益，也为自己的价值找到一个实现的路途。更不要认为小革新小发明太"小"就不屑于去做，而要认认真真，扎扎实实地去做，带着思想去做，小发明小创新也一样可以做出大效益。

第三章
运用创新思维，放飞心灵开阔创新眼界

爱因斯坦曾经说过："人是靠大脑解决一切问题的。"头脑中的创新思维是人们进行创新活动的基础和前提，一切需要创新的活动都离不开我们的思考，离不开创新思维。我们要想培养创新思维，必须要勇敢地冲破看事情、想问题的传统模式，用全新的思路来考察和分析问题，这样才能开阔创新眼界。

1

缜密的逻辑思维是创新之源

"逻辑"一词是由英文"logic"音译过来的。它来源于希腊文，原意指思想、理性、规律性等，常被称为"抽象思维"或"闭上眼睛的思维"。换句话说，逻辑思维就是理性的思维，也就是有规则和规律的思维。逻辑思维人人都有，人人都在用，只不过思考程度有深有浅罢了。

逻辑思维又称抽象思维，是思维的一种高级形式。其特点是以抽象的概念、判断和推理作为思维的基本形式，以分析、综合、比较、抽象、概括和具体化作为思维的基本过程，从而揭露事物的本质特征和规律性联系。

逻辑思维对于创新具有积极的作用。首先，逻辑思维能对人们提出的创新性思想进行逻辑论证。当一个人偶然迸发出一个灵感后，紧接着就要用逻辑思维进行加工，这样才能有说服力。例如哥白尼的太阳中心说、达尔文的生物进化论、魏格纳的大陆漂移说等新的科学思想的形成过程都是如此。其次，运用逻辑思维能直接提出一些比较具有创新性的新思想。例如，门捷列夫利用他发现的元素周期律，从理论上预测了许多当时化学界中未知元素的存在，并对这些元素的某些性质做了描述。后来，这些元素果然被发现了，并且它们的性质也和门捷列夫所预见的相符。再次，逻辑思维还有利于人们筛选和评价新的思想。不管采取哪些创新思维的方法，都有可能提取出两种以上甚至更多的新思想。这时就要借助逻辑思维对每个新的思想进行分析、比较和评价，进而做出判断，决定取舍，这就是逻辑思维的任务。

★★★★★

美国华盛顿广场上的杰斐逊纪念堂年久失修，建筑物表面斑驳陆离。后来还出现了裂缝。虽然美国政府采取了许多措施，还是没办法控制。后来，专家调查发现：冲刷墙壁所含的清洁剂对建筑物有腐蚀作用。然而该纪念堂墙壁每天冲刷的次数，要大大多于其他建筑物，这加剧了对外墙的腐蚀。

问题是该纪念堂为什么每天要进行冲洗呢？因为纪念堂每天被大量的鸟粪弄脏。为什么这栋纪念堂有那么多的鸟粪呢？因为纪念堂周围聚集了特别多的燕子。为什么燕子要聚在那里呢？因为这里有很多燕子爱吃的蜘蛛。为什么那里的蜘蛛多呢？因为那里有很多蜘蛛爱吃的飞虫。为什么那里的飞虫多呢？因为那里的灰尘适合飞虫繁殖。为什么这里的尘埃适宜繁殖呢？并不是这里的灰尘特别多，而是从窗子里照射进来的过于充足的阳光，升高了温度，加上灰尘中的有机物，就形成了特别适合飞虫繁殖的温床。有了温床，飞虫就以超常的速度繁殖，这给蜘蛛提供了大量的美餐，又引来了许多燕子，在纪念堂墙壁上留下了大量粪便。问题的本源找到了，解决的方法非常简单：拉上窗帘，遮住过多的阳光。

★★★★★

从某方面来说，逻辑思维就是这样一环扣一环的，最后找到新的方法，而这也恰恰是逻辑思维的真正魅力所在。实际上，创新思维是一个过程，创新的过程离不开逻辑论证。一个人只有具有了较强的逻辑思维能力，才可以更好地发挥其直觉和灵感的作用。在日常学习和生活中，员工应当注重培养和发挥逻辑思维的力量。通过积累，大家会发现，创新无处不在！

那么，到底要如何培养和提高自己的逻辑思维能力呢？下面就告诉大家一些小秘诀，不妨试一试。

(1) 推陈出新法。

当大家接触到一件事物时,要有意识地尽可能赋予它们新的性质,摆脱旧有方法束缚,可以运用新观点、新方法、新语言、新结论等反映出事物的独创性。按照这个思路进行思维方法训练,往往能收到推陈出新的效果。

(2) 生疑提问法。

简单地说,这种方法就是敢于并且善于提出新观点和新建议,去质疑人们固有的观点。

具体的方法是每当观察到一件事物或一个现象时,无论是初次还是多次接触,都要问个"为什么",并且养成习惯。另外,每当遇到一个棘手问题时,都要尽可能地找出其规律性,或从不同角度来观察,以免被知觉假象所迷惑。慢慢地,大家的逻辑思维能力就提升了。

(3) 集思广益法。

俗话说,集体力量大。集中众多人的智慧,广泛吸收有益意见,是提高思维能力的好方法。当很多人聚集在一起的时候,由于各人的起点、观察问题角度不同,研究方式、分析问题的水平不同,就会产生各种各样不同的观点和解决问题的办法。

然后,通过比较、对照、讨论,在这之间就会学习到对方思考问题的方法,从而使自己的思维能力得到潜移默化的提升。

(4) 头脑实践法。

这里所说的头脑实践,就是积极地利用一些活动或者游戏等调动自己的逻辑思维。在日常生活中,这样的游戏活动有很多,例如国际象棋、围棋等,既好玩又能提升自己的逻辑能力。弈棋可以有效地培养和提高大家的逻辑思维能力。在对弈过程中,虽说与对方对面无言,但心理斗争、智力的较量却异常激烈。对弈时常会遇到危急和困难局面,此时究竟是"弃子争先"还是"稳固防守",都需要对弈者绞尽脑汁、深思熟虑,竭尽逻辑推理之能,方能摆脱困境。

2 挣脱惯性思维的枷锁

惯性思维，也称作思维定势，就是按照积累的思维活动经验教训和已有的思维规律，在反复使用中所形成的比较稳定的、定型化了的思维。惯性思维容易使我们产生思想上的惰性，养成一种呆板、机械、千篇一律的习惯。这就不利于创新思考，不利于创造。

★★★★★

一家化学实验室里，一位实验员正在向一个大玻璃水槽里注水，水流很急，不一会儿就灌得差不多了。于是，那位实验员去关水龙头，可万万没有想到的是水龙头坏了，怎么也关不住。如果再过半分钟，水就会溢出水槽，流到工作台上。水如果浸到工作台上的仪器，便会立即引起爆裂，里面正在起着化学反应的药品，一遇到空气就会突然燃烧，几秒钟之内就能让整个实验室变成一片火海。实验员们面对这一可怕情景，惊恐万分，他们知道谁也不可能从这个实验室里逃出去。那位实验员一边去堵住水嘴，一边绝望地大声叫喊起来。这时，实验室里一片沉寂，死神正一步一步地向他们靠近。

就在这时，只听"叭"地一声，大家只见在一旁工作的一位女实验员，将手中捣药用的瓷研杵猛地投进玻璃水槽里，将水槽底部砸开一个大洞，水直泻而下，实验室里一下转危为安。

员工岗位 创新精神

在后来的表彰大会上,人们问她,在那千钧一发之际,怎么能够想到这样做呢?这位女实验员只是淡淡地一笑,说道:"我们在上小学的时候,就已经学过了这种方法,我只不过是重复地做一遍罢了。"

★★★★★

这个女实验员用了一个最简单的办法来避免了一场灾难。《司马光砸缸》我们都学过,砸缸救人,关键在于破缸。但多数人的思维想的都是活命。其实这个"缸"就是我们的惯性思维,很多时候我们对很多机会都视而不见,只因我们被惯性思维束缚住了。这个时候唯有打破,才能放飞我们的思维,进入一个新天地。

人都有惯性思维,爱用常用的方式思考,善用常用的行为方式处理问题。久之,就养成了根深蒂固的惯性思维。很多人说,人是习惯的产物,这话一点不假,我们生活中的绝大部分时间做的事情都跟习惯有关。但在创新中,只有打破惯性思维才能取得好成绩。

★★★★★

在一个家电公司召开的会议中,高层主管们正在为推出新的加湿器制定宣传方案。在家电市场上,加湿器已经非常多了,而且每个厂家都在绞尽脑汁做广告,让自己的加湿器更显眼、更出众来争夺顾客。在这样激烈的竞争中,怎样才能将自己的加湿器成功地打入市场呢?所有的主管都一筹莫展。在会议上,大家争吵得十分激烈,都认为自己的方案最出色,老板越听眉头皱得越紧。这时,一个一直沉默的主管说道:"加湿器为什么一定要打出家电的牌子呢?"所有人都愣住了,他接着有条不紊地说:"是这样的,一次我看到妻子在用美容喷雾剂,既然市场有这样的需要,我们为什么不定位在美容产品上呢?"他还没说完,老板一直皱着的眉头就舒展开了,一拍桌子:"好主意!我们就这样推销公司的加湿器!"结果,效果果然非同凡响,新的加湿器一上市,就成功抢占了市场。

★★★★★

第三章
运用创新思维，放飞心灵开阔创新眼界

打破惯性思维，重新给商品定位，让顾客耳目一新，避开了惨烈的竞争，又开发了一块颇有前景的新市场。在岗位工作中，创新型员工与一般员工最大的不同之处，就在于他们没有那些呆板、守旧的思维习惯，所以他们才能突破发展中的种种障碍，一路走向辉煌。要成为一个有创新能力的员工，就要想方设法打破固有的思维定式。

★★★★★

有一个厂子，常年生产一种汗衫。随着人们生活方式的改变，穿这种老式汗衫的人也越来越少，所以这家厂子汗衫的销路越来越差，几年下来，厂子里积压了不少货。可是想要转产的资金严重不足，甚至连工人的工资都发不出来，工厂已经面临破产的境地。

这时，有位年轻的技术员提议在积压的白汗衫后面和前胸上印上一些字，如"朋友，你伤害了我""烦着呢！离我远点！""退一步，海阔天空！"等这些新潮的词汇，再加上汗衫的"老式"，这种鲜明的对比会让汗衫别具特色，正符合年轻人求奇求新的心态。这样做，"老头衫"有可能成为"时装衫"。

当时厂子里有很多人不看好，认为这只是"旧瓶装新酒"，不会有人买，到时候还把本来能穿的汗衫变成废品，简直是一个笑话。幸好厂长却很看好，于是决定先做出来一小部分投放市场。

很快，一批印有字句的汗衫投放市场了，厂长给它取了一个响亮的名字——文化衫。让人惊喜的是，这些"文化衫"很快就销售一空了。于是，第二批、第三批印着句子的汗衫纷纷上市，一时间，无人问津的汗衫变成了一种时尚，风靡一时。该厂的积压产品也都销售一空，当年盈利就达到几百万元。

★★★★★

企业需要思维灵活、勇于拓宽思路和眼界的人。一个有创新能力的

人，往往能够标新立异，出其不意地取得胜利。一个人要在工作中有所创新，就必须学会开拓新的思路。只要能创新思路，开动脑筋，就会发现成功正在不远处向你招手。

3 小心"人云亦云"的从众思维

从众思维是指在认知判断、解决问题时，附和多数，人云亦云，缺乏独立思考，无主见。"从众"是一种比较普遍的社会心理和行为现象。通俗地解释就是"人云亦云""随大流"——大家都这么认为，我也就这么认为；大家都这么做，我也就跟着这么做。它是循规蹈矩，缺乏独创性的表现。

★★★★★

一位名叫福尔顿的物理学家，由于研究工作的需要，测量出固体氦的热传导度。他运用的是新的测量方法，测出的结果比按传统理论计算的数字高出500倍。福尔顿感到这个差距太大了，如果公布了它，难免会被人视为故意标新立异、哗众取宠，所以他就没有声张。没过多久，美国的一位年轻科学家，在实验过程中也测出了固体氦的热传导度，测出的结果同福尔顿测出的完全一样。这位年轻科学家公布了自己的测量结果以后，很快在科技界引起了广泛关注。福尔顿听说后以追悔莫及的心情写道：如果当时我摘掉名为"习惯"的帽子，而戴上"创新"的帽子，那个年轻人就绝不可能抢走本该属于我的荣誉。

★★★★★

第三章 运用创新思维，放飞心灵开阔创新眼界

福尔顿的所谓"习惯的帽子"就是一种"从众心理"。在生活中，每个人都有不同程度的从众倾向，总是倾向于跟随大多数人的想法或态度，以证明自己并不孤立。研究发现，持某种意见的人数的多少是影响从众的最重要的一个因素，"人多"本身就是说服力的一个明证，很少有人能够在众口一词的情况下还坚持自己的不同意见。

★★★★★

一个老者携孙子去集市卖驴。路上，开始时孙子骑驴，爷爷在地上走，有人指责孙子不孝；爷孙二人立刻调换了位置，结果又有人指责老头虐待孩子；于是二人都骑上了驴，一位老太太看到后又为驴鸣不平，说他们不顾驴的死活；最后爷孙二人都从驴上下来，徒步跟驴走，不久又听到有人讥笑：看！一定是两个傻瓜，不然为什么放着现成的驴不骑呢？

爷爷听罢，叹口气说："还有一种选择就是咱俩抬着驴走了。"

★★★★★

这虽然是一则笑话，但是却深刻地反映了我们在日常生活中的从众心理。"木秀于林，风必摧之"，压力是从众的一个决定因素。在一个系统内，谁做出与众不同的判断或行为，就往往会被其他成员孤立，甚至受到严厉惩罚，因而某个系统内的成员的行为往往高度一致。因此，为了免遭抛弃，人们就不会去"冒天下之大不韪"，而只会采取"随大流"的做法。

★★★★★

巴菲特在贝克夏·哈斯维公司1985年的年报中讲了这样一个故事。

一个石油大亨正在向天堂走去，但圣·彼得对他说："你有资格住进来，但为石油大亨们保留的大院已经满员了，没办法把你挤进去。"

这位大亨想了一会儿后，请求对大院里的居住者说句话。这对圣·彼得来说似乎没什么坏处。于是，圣·彼得同意了大

·079·

员工岗位 创新精神

亨的请求。这位大亨大声喊道："在地狱里发现石油了！"大院的门很快就打开了，里面的人蜂拥而出，向地狱奔去。

圣·彼得非常惊讶，于是请这位大亨进入大院并要他自己照顾自己。大亨迟疑了一下说："不，我认为我应跟着那些人，这个谣言中可能会有一些真实的东西。"说完，他也朝地狱飞奔而去。

★★★★★

一味盲目地从众，可以扼杀一个人的积极性和创造力。能否减少盲从行为，运用自己的理性判断是非并坚持自己的判断，是成功者与失败者的分水岭。在岗位创新中，一个人关键是要有独立思考的能力，不人云亦云。在思维方面，从众心理是非常不可取的，新的想法也不会在从众的环境中产生出来。这对创造性思维是极其不利的。

那么，如何克服从众心理，培养创新思维呢？

（1）培养独立思考的能力。

要培养创新思维，独立思考的能力是不可或缺的。独立思考的能力是培养创新思维的前提条件。如果没有独立思考的能力，只能是人云亦云，没有自己的想法，更不要提创新了。然而培养独立思考的能力不是一蹴而就的，我们要有意识地去独立思考，从小事做起，比如，不管在学习还是生活中遇到难题时不要急于征求别人的意见，应该先独自分析问题产生的原因，对症下药。

（2）学会理智、自信地面对问题。

面对各种问题或困难时要理智、要自信，不要被面前的问题和困难所吓倒，冷静地思考和分析问题和困难的原因所在，不盲目地做决定。这样可以增加对事物的认知能力和判断能力，避免被其他人的思想和行为所干扰，形成自己的思想和观点，逐步培养创新能力。

第三章
运用创新思维，放飞心灵开阔创新眼界

4

善于联想，触类旁通赢得创新

联想是创新思维的重要形式。联想思维就是人们通过一件事情的触发而联想到另一些事情的思维。大发明家爱迪生说过："在发明道路上，如果想有所成就，就要看我们是否有对各种思路进行联想和组合的能力。"联想在创新过程中起着催化剂和导火索的作用，许多奇妙的新观念和创意，常常由联想的火花点燃。

★★★★★

在许多年之前，法国海军巴比尔舰长带着通信兵来到一所盲童学校，向孩子们表演夜间通讯。因为在漆黑的夜晚，眼睛是用不上的，于是，军事命令被传令兵译成电码，在一张硬纸上，用"戳点子"的办法，把电码记下来，接受命令的一方的士兵，用"摸点子"的办法，再译出军事命令的内容。这一表演引起盲童布莱叶的极大的兴趣。于是，他反复研究，终于发明了"点子"盲文，并一直沿用到今天。

★★★★★

古往今来，人类一直是在有意无意中通过各种联想，不断从自然界中得到启迪，从而创造了无数的工具、方法等，为自己的生存和发展创造了条件。事实上，任何创造发明都离不开联想，是联想思维把人引导到创新上去的。

员工岗位 创新精神
Yuangong Gangwei Chuangxin Jingshen

★★★★★

苏联卫国战争期间，列宁格勒遭到德军的包围，经常受到敌机的轰炸。在这种情况下，苏军尹凡诺夫将军有一次视察战地，看见有几只蝴蝶飞在花丛中时隐时现，令人眼花缭乱。这位将军随即产生联想，并请来昆虫学家施万维奇，让他们设计出一套蝴蝶式防空迷彩伪装方案。施万维奇参照蝴蝶翅膀花纹的色彩和构图，结合防护、变形和仿照三种伪装方法，将活动的军事目标涂抹成与地形相似的巨大多色斑点，并且在遮障上印染了与背景相似的彩色图案。就这样，苏军数百个军事目标披上了神奇的"隐身衣"，这大大降低了重要目标的损伤率，有效地防止了德军飞机的轰炸。

★★★★★

联想思维的主要形式包括幻想、空想、玄想。其中，幻想，尤其是科学幻想，在人们的创新活动中具有重要的作用。科学技术上的许多发明创造都曾产生于人脑联想。

创造发明活动总是带来某些目的性的活动，它需要通过带有一定目的联想来实现。当然，就创新思维的本身来说，它更提倡思想奔放、毫无拘束地自由联想。比如在小发明、小创新的活动中，联想思维也常常起到关键作用。

★★★★★

美国商人吉利在刮胡子时不小心刮破了脸，他忽然想到如果能发明一种安全剃须刀，一定会生意兴隆，但长期苦思冥想得不到解决。一天，他在理发时，透过镜子看到理发师在修剪头发时用梳子夹进剪刀与头发之间，然后用剪刀剪去冒出梳齿的头发。他立即联想到将刀片与梳子结合起来，发明了安全剃须刀。

★★★★★

联想是打开沉睡在头脑深处记忆的最简便和最适宜的钥匙。当人的思想受到某种刺激，或在某种特定的环境下通过回忆可产生类型不同的联想。

（1）相似联想。

相似联想指人脑中出现同某一刺激物或环境相似的经验、事物的联想，即联想物与刺激物之间存在某种共同的性质或特征。例如，看到鸟想到飞机，因为它们都能飞；看到蜡烛想到电灯，因为它们都发光等。又如有人从含硅的物体表面光滑，黏结剂对硅不起作用的特点出发，联想到纱布上如浸入硅可使患者手术后纱布与皮肤不粘连而减轻痛苦，由此发明了特种医用纱布。

（2）对比联想。

对比联想是指某一刺激物或环境产生相反性质事物的联想。例如看到白色便自然想到黑色；看到小物体便想到大物体；遇到热的刺激马上想到冷的滋味等。由开水的烫联想到冷却水的凉，这就是一种对比联想。

（3）接近联想。

接近联想是指头脑中想起同某一刺激有关联的事物。这里联想与刺激物之间只是有关联，其间并没有什么共同的特征。例如看到运动员，可自然联想到运动场、练功房、裁判、记分牌、发令枪、起跑线等。

（4）离奇联想。

有些人会从某些奇特的、不合情理的思路上突发出一种创意的联想。如美国一位工程师把炸药与油漆离奇地联想在一起，从而发明出具有活化性的油漆添加剂，数年后可使油漆轻而易举地从墙上剥落下来。

（5）质疑联想。

这是对旧事物、旧理论进行质疑，并由此构思新事物和新理论的联想。如美国华裔物理学家李政道和杨振宁大胆怀疑牛顿三大定律的一条，并把它推翻而另外创造了一条新定理，从而获得1956年诺贝尔物理学奖。

总之，联想能够克服两个不同的概念在意义上的差距，并在另一种意义上把它们联结起来，由此可产生一些新颖的思想。因此，联想思维是创新思维的一种重要表现形式。

5

逆向思维：反向思考就是一种创新

逆向思维也叫求异思维，它是对司空见惯的似乎已成定论的事物或观点反过来思考的一种思维方式。不断创新并不表示你就得去创造或发现以前没有的东西，善于逆向思维也是创新的一种方式。

逆向思维是创新的有效方式。它敢于"反其道而思之"，让思维向对立面的方向发展，从问题的相反面深入地进行探索，树立新思想，创立新形象。

与常规思维不同，逆向思维是反过来思考问题，是用绝大多数人没有想到的思维方式去思考问题。运用逆向思维去思考和处理问题，实际上就是以"出奇"去达到"制胜"。

20世纪80年代，日美汽车大量侵入西欧，几乎把欧洲的汽车工业挤到了灭亡的边缘。像以"车到山前必有路，有路就有丰田车"著称的丰田汽车公司，以其优质低价的汽车而风靡全球。在此情形下，德国奔驰汽车公司走出一步险棋，决定要采取另一种竞争方式来稳固奔驰的地位——以两倍于其他车的价格出售。

"以两倍于其他车的价格出售"，这话说起来就像唱山歌一样动听，做起来难度之大可想而知，然而奔驰公司总裁埃沙德·路透已下定了决心，他知道如果不设法提高奔驰车的质量，在以后越来越激烈的竞争中势必适应不了风云变幻的市场，靠老牌子吃饭是支持不了多久的，他感到自己有责任为奔驰开辟新的发展道路——研制奔驰600型高级轿车。

为了激励全体员工来共同实现新的目标，路透感觉到有必要亲自到车间和试验场身体力行一番。他当然知道这逆道而行的一步如果成功将给奔驰公司带来多么高的荣誉，但他更清楚这一步一旦失足会有多么大的损失。他必须鼓起所有的士气走好这一步险棋。

路透便对他的技术专家们说："我最近想出了一则很优秀的汽车广告，当然是为咱们奔驰想的。这则广告是：ّ当这种奔驰轿车行驶的时候，最大的噪音来自于车内的电子钟。'我准备把这种奔驰车定价为17万马克。"专家们当然明白总裁的意思，却仍不免大吃一惊：17万马克，买普通轿车要买好多辆！

路透的愿望还是很快变成了现实，闻名世界的高级豪华型轿车奔驰600问世了，它成了奔驰轿车家族中最高级的车型，其内部的豪华装饰，外部的美观造型，无与伦比的质量都令人叹为观止。很快，各国的政府首脑、王公贵族以及知名人士都竞相挑选奔驰600作为自己的交通工具，因为，拥有奔驰600，不仅仅是财富的象征，还是成功的象征。

★★★★★

当其他企业大多从降低成本、降低自己商品的价格来达到增强竞争能力的目的时，而奔驰公司反其道而行却大获成功，这不能不给人某种启示：创新就要突破常规。人们已经习惯了正常的思维方式，即使没有什么成效仍很难做出改变。这时候，逆向思维能给人以新的思路，逆向而往，走一着险棋往往可以带来与众不同的胜局。

人们习惯于沿着事物发展的正方向去思考问题，并寻求解决办法。其实，对于某些问题，尤其是一些特殊问题，从结论往回推，倒过来思考，从求解回到已知条件，反过去想或许会使问题简单化，使要解决的问题变得轻而易举，甚至因此而有所发现，创造出惊天动地的奇迹来，

员工岗位 创新精神
Yuangong Gangwei Chuangxin Jingshen

这就是逆向思维的魅力。

★★★★★

一个犹太人走进纽约的一家银行,来到贷款部,大模大样地坐了下来。

"请问先生有什么事情吗?"贷款部经理一边问,一边打量着来人的穿着,豪华的西服、高级皮鞋、昂贵的手表,还有领带夹子。

"我想借些钱。"

"好啊,你要借多少?"

"我借1美元。"

"只需要1美元?"

"不错,只借1美元,可以吗?"

"当然可以,只要有担保,再多点也无妨。"

"好吧,这些担保可以吗?"

犹太人说着,从豪华的皮包里取出一堆股票、国债等,放在经理的写字台上。

"总共50万美元,够了吧?"

"当然,当然!不过,你真的只要借1美元吗?"

"是的。"说着,犹太人接过了1美元。

"年息为6%。只要您付出6%的利息,一年后归还,我们就可以把这些股票还给你。"

"谢谢。"

犹太人说完,就准备离开银行。

一直在旁边冷眼观看的分行长,怎么也弄不明白,拥有50万美元的人,怎么会来银行借1美元这种事情。他慌慌张张地追上前去,对犹太人说:"啊,这位先生!"

"有什么事情吗?"犹太人问道。

"我实在弄不清楚,你拥有50万美元,为什么只借1美元呢?要是你想借三四十万美元的话,我们也会很乐意的。"

"请不必为我操心,只是我来贵行之前,问过了几家金库,他们保险箱的租金都很昂贵。所以嘛,我就准备在贵行寄存这些股票。租金实在太便宜了,一年只须花6美分。"

★★★★★

逆向思维可以创造出许多意想不到的奇迹。贵重物品的寄存按常理应放在金库的保险箱里,对许多人来说这是唯一的选择。但犹太商人没有囿于常理,而是另辟蹊径,找到让证券等锁进保险箱的办法。从可靠、保险的角度来看,两者确实没有多大区别,除了收费不同,这就是犹太商人在思维方式上用的所谓"逆向思维"。可见,懂得运用逆向思维,可以带来意想不到的新发现、新结果。

6

灵感思维:抓住跳荡的灵感之火

灵感思维是指凭借直觉而进行的快速、顿悟性的思维。它不是一种简单逻辑或非逻辑的单向思维运动,而是逻辑性与非逻辑性相统一的理性思维整体过程。我国著名科学家钱学森说过:"如果把逻辑思维视为抽象思维,把非逻辑思维视为形象思维或直感,那么灵感思维就是顿悟,它实际上是形象思维的特例。"

★★★★★

17世纪法国著名数学家和哲学家笛卡尔,在很长一段时间内,都在思考这样一个问题:几何图形是形象的,代数方程是抽象的,能不能将这两门数学统一起来,用几何图形来表示代数方程,用代数方程来解决几何问题呢?

员工岗位 创新精神

为了解决这一问题，他日思夜想，但一直想不到突破方向。有一天早晨，笛卡尔睁开眼发现一只苍蝇正在天花板上爬动，他躺在床上耐心地看着，忽然头脑中冒出这样一个念头：这只来回爬动的苍蝇不正是一个移动的"点"吗？这墙和天花板不就是"面"，墙和天花板相连接的角不就是"线"吗？苍蝇这个"点"与"线"和"面"之间的距离显然是可以计算的。

笛卡尔想到这里，情不自禁地一跃而起，找来纸和笔，迅速画出三条相互垂直的线，用它表示两堵墙与天花板相连接的角，又画了一个点表示来回移动的苍蝇，然后用 X 和 Y 分别代表苍蝇到两堵墙之间的距离，用 Z 来代表苍蝇到天花板的距离。后来笛卡尔对自己设计的这张形象直观的"图"进行反复思考研究，终于形成这样的认识：只要在图上找到任何一点，都可以用一组数据来表示它与另外那三条数轴的数量关系。同时，只要有了任何一组像以上这样的三个数据，也都可以在空间上找到一个点。这样，数和形之间便稳定地建立了联系。

于是，数学领域中的一个重要分支——解析几何学，在此基础上创立了。他的这套数学理论体系，引起了数学的一场深刻革命，有效地解决了生产和科学技术上的许多难题，并为微积分的创立奠定了坚实的基础。

★★★★★

灵感的出现常常带给人们渴求已久的智慧的闪光，人们往往依靠这种非逻辑思维方式，特别是"灵感"去认识、去创作，去未知领域里发现新的知识点，形成追寻创新知识的道路，从而进一步丰富和发展人类的知识宝库。

诱发灵感的方法还有很多，可以根据自身生理、心理、爱好和习惯等诸多方面的特点，采取某种方式或选择某种场合，有意识地进行尝试，或许有一天，你的灵感思维就真的这样出现了。

★★★★★

爱因斯坦就是靠灵感思维，发现了相对论。1902 年 6 月

23日，在工作期间，他每天坐交通车上下班，都要经过市区中心的一个教堂，有一天他坐在车上突然灵感一现，他想："如果这车以光速离开教堂，会是什么样子……"从此，他在未知领域里找到一个新的知识点，他在这条道路上经过刻苦的钻研，终于在1905年6月，爱因斯坦完成了开创物理学新纪元的长论文《论动体的电动力学》，完整地提出了狭义相对论。它在很大程度上解决了19世纪末出现的古典物理学的危机，改变了牛顿力学的时空观念，创立了一个全新的物理学世界，是近代物理学领域最伟大的革命。

★★★★★

灵感是什么呢？有人说是经验，有人说是一种感觉或是知觉，但是不管是什么，万变不离其宗！那就是灵感再来得突然，再来得快，和个人的创新是离不开的！日常生活中，我们常常借助"灵感"去认识、去创作，在未知领域里发现新的知识点，形成追寻创新知识的道路，从而进一步丰富和拓展人类知识的宝库。

★★★★★

1956年37岁的丹麦建筑设计师丁·乌特松由切开的桔子瓣而触发他的创作灵感，设计了悉尼歌剧院的整体造型。13年后，悉尼歌剧院在三面环海的贝尼朗岬角落成，倾倒了悉尼，折服了澳洲，使世界为之一震。从远处望去，歌剧院好像是蔚蓝海面上缓缓漂来的一簇白帆；从近处看，又仿佛是被海浪拍涌上岸的一只只白色贝壳，静静地矗立在海边。悉尼歌剧院和巴黎的凯旋门、埃菲尔铁塔、美国旧金山的金门大桥一样，成为了世界级的建筑珍品。

丁·乌特松说："许多人都说，我的设计是大海的贝壳和航行的风帆赋予了创作灵感，实际不是那么一回事。它是一枚桔子，你如果将桔子切开后，桔子瓣的形态同歌剧院的屋顶造型是相像的。当然，我不否认，它又恰好与白色的风帆与贝壳类似，但这并不是我当初的本意。不过，我非常喜爱人们把它

员工岗位 创新精神

喻成贝壳和风帆。因为,这两种形象本身都是很美的。"因为歌剧院所处的海湾环境平坦开阔,必须找到一种高耸奇特的气势与这种平坦开阔形成强烈对比,在丁·乌特松推翻了一个个构思,撕碎了一张张图纸,度过了一个个不眠之夜之后,在最后截止日期即将到来之时,是切开的桔子瓣触发了他的创作灵感,触发了他胸中要出之意,使他创作出震惊世界的宏伟建筑。

★★★★★

灵感的产生常常受到某种事物的启发,灵感虽是思维的结果,但其出现的时机却往往是在人处于一种长期紧张工作之后的暂时松弛状态,如散步、钓鱼、听音乐、观花赏月甚至睡梦中。之所以如此,是因为人在思维时,左脑的逻辑思维起主导作用,思维按特定的方向、特有的规律进行,不同思维方式和内容之间难以发生联系。当人在精神放松时,右脑的形象思维处于积极活动状态之中,思维范围扩大,思路活跃,想象丰富。左、右脑思维相互联系、相互影响,这就为灵感的产生准备了良好的条件。

因此,灵感思维有两种类型:一种是瞬间闪现的,往往稍纵即逝,时不再来,这种灵感与此前的生活阅历和丰富的想象力直接有关;另一种是由于长期致力于某种研究或某类工作,在这之后突然产生的,这种灵感与此前的艰苦劳动是密切相关的。历史上一些伟大的发现更多的是长期致力于某类工作,并且经过了艰苦的思索之后发现的。

在岗位创新工作中,员工要善于捕捉灵感。灵感来得快,去得也快。灵感的不期而至,给人以惊喜之情,可谓"踏破铁鞋无觅处,得来全不费工夫"。因此在灵感到来之际,必须马上抓住它。捕捉到灵感,常见的方法有:

(1)卧床冥思法。

清晨醒后不起床,双目微闭,静静地回忆一下,一段时间以来日夜思考而尚未解决的问题,以求获得某种灵感。科学家司各特说:"我的一生证明,睡醒和起床之间的半小时,非常有助于发挥我们的创造性,期待的想法总是在我一睁眼的时候大量涌现。"

（2）沐浴默想法。

人在沐浴时身体舒展，心情放松，常能令人产生一种摆脱了一切羁绊和负担的心旷神怡。这时，潜意识和显意识之间开始"交流"和"对话"，潜意识将更多、更全面的信息及时地输送给显意识使用，并更加活跃、主动地配合显意识思考问题。这时，日夜萦绕心间的问题，有可能突然在头脑中闪现出某种答案或线索来。

（3）散步静思法。

散步是一种能活动身体、有益健康的休息方式，这是众所周知的，而它也有助于诱发灵感。德国著名诗人歌德说："我最宝贵的思维及最好的表达方式，都是在散步时出现的。"

7

发散思维：撑开思维的大伞

发散思维亦称"辐射思维""多向思维"或"扩散思维"，是指在解决问题的思维过程中，不拘泥于一点或一条线索，而从现有的信息中尽可能扩散开去，不受已经确定的方式、方法、规律、范围等的约束，并且从这种扩散、辐射的思考中，求得多种不同的解决办法或衍生出多种不同的结果的思维方式。这种思路好比自行车车轮一样，许多辐条以车轴为中心沿径向向外辐射。

发散思维是大脑在思维时呈现的一种扩散状态的思维模式，它表现为思维视野广阔，思维呈现出多维发散状。发散思维方式可以把思维从一种事物发散到多种事物，从而跳出人们固有的思维定势，激发出创造

员工岗位 创新精神
Yuangong Gangwei Chuangxin Jingshen

性的灵感。

★★★★★

在一次发散思维的训练中,一位导师问他的学生们:"你们有多少人觉得我们可以在30年内废除所有的监狱?"

有个学员站出来反驳:"你的意思是把那些杀人犯、抢劫犯以及强奸犯全部释放吗?你知道会有什么样的结果吗?这样的话,我们绝对不可能得到安宁,不管怎么样,监狱是绝对不能废除的。"

于是,大家七嘴八舌地开始议论:"社会秩序将会被破坏。""如果有可能的话,还需要设置更多的监狱。""难道你没有看到今天报纸上有谋杀案的报道吗?""要是没有监狱的话,那么警察和狱卒不就失业了吗?"

导师沉默了一会儿,接着说道:"不错,你们说了很多的理由来说明监狱不能废除,现在我要你们相信可以废除监狱,如果马上就要这么做的话,你们该如何着手呢?"

大家唏嘘了几声,有人悄悄地说:"如果成立更多的青年活动中心可以减少犯罪事件。"同学们刚才还激烈地反对,这时候开始思考、开始讨论了。"贫穷是犯罪的根源。""要辨认和疏导有犯罪倾向的人。""也可以借助手术的方法来医治某些犯罪。"

随着发散思维,学生们提出来了78种意见,后来经过运行,一些可施行的见解都变成了现实。

★★★★★

发散思维不依靠任何介质,但一定要有起因,也就是说要有一个引发事件。思维本身其实就是一种"迁移类比"的能力。如果说一件事情是"树"的主干,那么它的枝桠、叶子、根茎等就是思维迁移的结果,迁移类比能力越强,自然枝桠、叶子、根茎等就越茂盛。这里的营养就是人本身在生活中积累的见识和认知,自然这种积淀越深厚,迁移出来的深层认知就越正确,包含也就越广阔。因此,发散思维具有突出的特点,在创新中员工要重视以下几点:

第一，流畅性。流畅性又称多维性、多端性或非单一性，其核心是"多"，是指在短时间内能对问题作出迅速而敏捷的反应，是发散思维的前提。发散思维的这种特性表现在思考问题时能从多方位、多角度、多手段、多途径入手，思路尽可能多方向扩散，不局限于现有的理解，从而开拓思维的新方向、新角度、新领域。流畅性反映的是发散思维的速度和数量特征。

第二，变通性。变通性又称为灵活性、非僵硬性、非呆滞性，其核心是"变"或"活"，指思维灵活旷达，能随机应变、举一反三、触类旁通，容易获得种类繁多的答案而不受思维定势的束缚，是发散思维的关键。当思考遇到困难时，我们可以变通一下思维方向，如改变某个结论、放宽某个条件、取消某种限制或补充某个前提，从而寻找新的途径，达到解决问题的目的。

第三，独创性。独创性又称创新性和开拓性，其核心是"独"或"异"，是指产生不寻常的反应和打破常规的能力，是发散思维的本质。具体表现在思维的独特性，就是指超越固定的、习惯的认知方式，以前所未有的新视角、新观点去认识事物，提出不为一般人所有的、超乎寻常的新观念，是发散思维的最高目标。

第四，多感官性。发散思维不仅运用视觉思维和听觉思维，也充分利用其他感官接收信息并进行加工。发散思维还与情感有密切关系。如果思维者能够想办法激发兴趣，产生激情，把信息情绪化，赋予信息以感情色彩，就会提高发散思维的速度，增强发散思维的效果。

★★★★★

有位犹太人带着儿子到美国做生意。一天，父亲问儿子：500克铜的价格是多少？儿子答40美分。父亲说："对，整个美国都知道500克铜的价格是40美分，但作为犹太人的儿子，你应该说4美元。你试着把500克铜做成门把手看看。"

10年后，父亲死了，儿子独自经营铜器店，他曾把500克铜卖到4000美元，这时他已是一家公司的董事长了。

踩着别人脚步走路的人，永远不会留下自己成功的脚印。

员工岗位 创新精神
Yuangong Gangwei Chuangxin Jingshen

1974年,美国政府为清理给自由女神像翻新扔下的废料,向社会广泛招标。但好几个月过去了,没人应标。他听说后,看了看自由女神像下堆积如山的铜块、螺丝和木料,未提任何条件就签了字。

当时不少人觉得他的这一举动不可思议。因为在美国垃圾处理有严格的规定,弄不好会受到环保组织的起诉。

他却开始组织工人对废料进行分类:让人把废铜熔化,铸成小自由女神像,把木头加工成木座,废铅、废铝做成纽约广场的钥匙。最后,他甚至把从自由女神像身上扫下的灰尘都包装起来,出售给花店。

不到一个月时间,他让这堆废料变成了400万美元,每千克铜的价格翻了上万倍。

★★★★★

在创新思维中,发散思维的价值更多取决于人本身的阅历、经验和对生活的认知,只有这些内容不断丰富,发散思维的价值才会越来越高、体现才会越来越明显。犹太商人就是以出色的发散思维变废为宝的。因此,发散思维要不受传统经验、习惯势力、思维定势的局限,敢于突破常规、突破未知堡垒。

8

U形思维:绕个弯就是另一片天空

"U形思维"指的是在解决某个问题遇到了难以消除的障碍时,可谋求避开或越过障碍的思维方法。基本特点就是避直就曲,通过拐个弯的方法，规避摆在正前方的障碍，走一条看似复杂的曲线，却可以尽快到达目的地。

★★★★★

哈佛大学的彼得·林奇教授曾给学生出了这么一道思考题：一个聋哑人到五金商店去买钉子，先用左手做持钉状，捏着两只手指放在柜台上，然后右手做锤打状。售货员递过来一把锤子，聋哑人摇了摇头，指了指做持钉状的两只手指，售货员终于拿对了。这时候又来了一位盲人顾客……

"同学们，你们能否想象一下，盲人将如何用最简单的方法买到一把剪子？"教授问。

一个学生是这样回答的："噢，很简单，只要伸出两个指头模仿剪子剪布的模样就可以了。"全班同学都表示同意。

教授没有否定学生的答案。不过，他明确指出："其实盲人只要用口说一声就行了。"

★★★★★

其实两个答案都没有错，但学生的回答缺乏变通性。变通能力可以让我们的思维灵活起来，沿着不同的方向扩散；可以避免"刻舟求剑"，从多方面选择和考虑问题，产生超常的构思，提出不同凡响的新思想、新观点。

U形思维的特点就是变通。在创新工作上，需要执着但不要固执，不要作无谓的坚持，不要一条道走到黑。你要知道，身边到处都是路，条条大路通罗马，只要你能换个思路，开动脑筋，你就会发现成功在向你招手。就拿打井来说，在一个地方打井，一直不出水，这个时候如果你只是告诉自己要坚持不懈，而那个地方根本就没有水，那么坚持不懈就是愚蠢的浪费。放弃这个固定的思路，换个角度思考不失为一个正确的方法。

★★★★★

有甲乙两个年轻人，他们一起去外地做生意。他们先到了一个生产麻布的地方，甲对乙说："在我们家乡麻布是很值钱

员工岗位 创新精神

的东西,不如用所有的钱买麻布,带回家乡去卖。"乙同意了。甲乙两人把买到的麻布捆绑在驴子背上。

接着,他们到达了一个盛产毛皮的地方,那里正好缺少麻布,甲对乙说:"毛皮在我们家乡是更值钱的东西,我们可以把麻布卖了,换成毛皮!"乙却极力反对,甲只好把自己的麻布换成了毛皮。

他们到了一个生产药材的地方,那里急需毛皮和麻布,甲又对乙说:"药材在我们家乡是更值钱的东西,你把麻布卖了,我把毛皮卖了,换成药材带回故乡一定能赚大钱的。"

乙依旧不肯。甲把毛皮都换成了药材,还赚了一笔钱。

后来,他们来到一个盛产黄金的城市,药材和麻布欠缺,但黄金很便宜。甲建议道:"我们把药材和麻布换成黄金,这一辈子就不愁吃穿了。"

乙再次拒绝了。甲把手中的药材换成黄金,又赚了一笔。

到了家乡后,乙卖了麻布,利润很小,与其长途跋涉所付出的辛苦不成比例,而甲却成了当地的一大富翁。

★★★★★

甲乙二人结局之所以会大相径庭,就在于乙不懂变通。所谓变通,顾名思义,就是以变化自己为途径从而通向成功。种子落在土里长成树苗后最好不要轻易移动,一动就很难成活。而人就不同了,人有脑子,遇到了问题可以灵活地处理,直的不行,就要想横的,横的不行,再倒过来想。想法总是要灵巧变通,不断进行各种试验。

任何事情都是处于变化之中的,往往一件事的发展总是会在你的意料之外,而一个思想僵化、保守的人显然难以去应对。养成灵活变通的习惯,这是一个人能否取得成功的关键,只有变通思维,才能变不可能为可能。

★★★★★

20世纪初,美国史古脱纸业公司买下一大批纸,因为运送过程中的疏忽,造成纸面潮湿产生皱纹而无法使用。

面对一仓库将要报废的纸，大家都不知道如何是好。在主管会议上，有人建议将纸退还给供货商以减少损失，这个建议几乎获得所有人的赞同。

史古脱却不这么想，他认为不能因为自己的疏忽而造成别人的负担。经过一段时间的思考与反复实验，最后，他决定在卷纸上打洞，让纸容易撕成一小张一小张的。

史古脱将这种纸命名为"桑尼"卫生纸巾，卖给火车站、饭店、学校等机构。意想不到的是，因为这种卫生纸相当好用而大受欢迎。如今，卫生纸已经成为人们日常生活中不可或缺的生活用品。

任何人任何时候都应变通地看问题、分析问题，从而解决问题。只有这样，人类自身才能活得更顺心、舒心，社会才能进步，时代才能前进！

★★★★★

用一种灵活的方式去解决问题，是每一位成功者必须掌握的做事方法。世界是丰富多彩的，解决问题的方法就理应是多种多样的。所以，我们一定要突破思维定势，灵活变通去寻求各种各样解决问题的方法。

★★★★★

在煤油炉出现之前，人们生火做饭都是使用木炭和煤。美国一家销售煤油炉和煤油的公司，为引起人们对煤油炉和煤油的消费兴趣，在报纸上大肆宣传它的好处，但收效甚微，人们继续使用木炭和煤，煤油炉和煤油仍然无人问津。

面对积压的煤油炉和煤油，公司老板突然灵机一动。他吩咐下属将煤油炉免费赠送到各家各户，不取分文。就这样，收到煤油炉的住户们尝试着使用它，而没有收到的纷纷打电话向公司询问，并索要煤油炉，在很短的时间内，积压的煤油炉赠送一空。公司员工们觉得十分心疼，但老板却不动声色。

不久，有一些顾客上门来，询问购买煤油的事；再后来，竟有顾客要求购买煤油炉。原来，人们在使用煤油炉后，发现

员工岗位 创新精神
Yuangong Gangwei Chuangxin Jingshen

其优越性较之木炭和煤十分明显。家庭主妇们在炉里原有的煤油用完后,仍然希望继续使用煤油炉,只好又向公司购买新的煤油炉。在循环往复中,这家公司的煤油炉自然久销不衰。

★★★★★

这个案例也是 U 形思维的体现。U 形思维的实质是迂回前进。世界上没有死胡同,适当地变换自己的思维、改变自己的思路,放弃盲目的固执,理智地去思考、认真地去改变,就可能发现事情别有洞天。因此,在岗位创新中,看事物不能总以一种眼光,要多角度、多方面地去观察,从常规中求新意。对一个问题,我们可以通过组合、分解、求同、求异等方法,拓宽思路,要么加一点,要么减一点,要么借一点,要么拿一点,寻求多种多样的方法和结论,从而创造出一种更新更好的事物或产品。运用变通思维解决问题,将是你成功的法宝。

第四章

掌握创新方法，勇于实践拓展创新空间

　　创新方法是解决难题的前提。创新最有用的知识是关于方法的知识。法国著名的生理学家贝尔纳曾说过："良好方法能使我们更好地发挥天赋的才能，而笨拙的方法则可能阻碍才能的发挥。"创新一定要有方法。好的方法，事半功倍；不好的方法，事倍功半。

员工岗位 创新精神
Yuangong Gangwei Chuangxin Jingshen

1

思路决定出路，方法决定效率

创新一定要有方法。正确的方法很重要，既省时又省力。在岗位创新中，好的方法，事半功倍；不好的方法，事倍功半。因此，在岗位创新中员工要认识到思路决定出路，方法决定效率的重要性。无论是认识创新还是实践创新，无论是大的突破还是小的改进，都需要我们运用正确的方法。

★★★★★

马克·吐温小时候，有一天因为逃学被妈妈罚着去刷围墙。围墙有十几米长，比他的头顶还高。他把刷子蘸上灰浆，刷了几下。刷过的部分和没刷的相比，就像一滴墨水掉在一个球场上。他灰心丧气地坐下来。

他的一个伙伴桑迪提只水桶跑过来。"桑迪，你来给我刷墙，我去给你提水。"马克·吐温建议。桑迪有点动摇了。"还有呢，你要是答应，我就把我那只肿了的脚指头给你看。"桑迪经不住诱惑，好奇地看着马克·吐温解开脚上包的布。可是，桑迪到底还是提着水桶拼命跑开了——他妈妈在瞧着呢！

马克·吐温的另一个伙伴罗伯特走来，还啃着一只酥脆多汁的大苹果，引得马克·吐温直流口水。

突然，他十分认真地刷起墙来，每刷一下都要打量一下效果，活像大画家在修改作品。

第四章
掌握创新方法，勇于实践拓展创新空间

"我要去游泳。"罗伯特说，"不过我知道你去不了。你得干活，是吧？"

"什么？你说这叫干活？"马克·吐温叫起来，"要说这叫干活，那它正合我胃口，哪个小孩儿能天天刷墙玩儿呀？"他卖力地刷着，一举一动都特别快乐。罗伯特看得入了迷，连苹果也不那么有味道了。"嘿，让我来刷刷看。""我不能把活儿交给别人。"马克·吐温拒绝了。

"我把这苹果给你！"

小马克·吐温终于把刷子交给了罗伯特，坐到阴凉处吃起苹果来，看罗伯特为这得来不易的权利努力刷着。

一个又一个男孩儿从这里经过，高高兴兴想去度周末，但他们后来个个都想留下来试试刷墙。小马克·吐温为此收到了不少交换物：一只独眼的猫，一只死老鼠，一个石子，还有四块橘子皮。

★★★★★

马克·吐温后来成为名扬全球的幽默小说作家。这个故事不过是这棵智慧巨树上的一片绿叶，它虽然显得有点滑稽和调皮，却让人看到了创新思路的力量：只要有了创新，就能化腐朽为神奇，将平庸改变为奇迹。

创新就是要有与常人大不一样的想法，有的甚至要叫人大吃一惊。随着社会的发展，创新精神越来越显得重要，也越来越被人们所认识。谁要想使自己的工作产生超凡出众的效果，谁要想在竞争中立于不败之地，谁就应该跳出传统的定势，学会创新。

★★★★★

在餐馆的一旁开一个窗口做外卖，有人想到过吗？有人敢这么尝试吗？然而恰恰是这个想法促成了麦当劳首家免下车餐馆的诞生。

在美国，有一个人在某空军基地附近经营一家麦当劳餐馆。按理说，这些军人是他最大的客源，然而令他困惑不解的

员工岗位 创新精神
Yuangong Gangwei Chuangxin Jingshen

是，这些军人似乎在抵制他的餐馆。这是怎么回事呢？后来他发现，军人在值勤或身着制服时，是不能下车的，自然就没办法买吃的了。怎么办呢？送饭菜上门吗？不，他想了一个更妙的主意：在餐馆的一旁设立一个窗口，这样当人们开车过来后，不必下车就可以买到吃的了。毫无疑问，他的餐馆营业额剧增，由此，麦当劳的首家免下车餐馆正式诞生了。

如今，全球各地越来越多的快餐店提供免下车服务了。

★★★★★

创新工作没有思路不行，有思路才会有方法，出效率。所谓"思路"，就是创新思考的线索，就是解决问题的路径和程序。任何事物都有自己的发展规律，只要认识了事物的内在规律，就没有破解不了的难题。

★★★★★

丹尼尔·路维格的事业，完全是靠"借钱"来发展的。最初，路维格打算借钱把一艘货船买下来，改装成油轮，因为载油比载货更有利可图。他到纽约去找几家银行谈借钱的事，人家看了看他那磨破了的衬衫领子，又见他没有什么可做抵押，就拒绝借钱给他。路维格来到大通银行，他对大通银行的总裁说，他把货轮买下后，立即改装成油轮，并已把这艘尚未买下的船租给一家石油公司。石油公司每月付给的租金，正好可以用来每月分期还他要借的这笔款子。他提出把租契交给银行，由银行去跟那家石油公司收租金，这样就等于在分期还款。大通银行的总裁听了路维格这番奇怪的言论后，心想：路维格一文不名，也许没有什么信用可言，但是那家石油公司的信用却是可靠的。拿着他的租契去石油公司按月收钱，这自然会十分稳妥，除非有预料不到的重大经济灾难发生。退一步而言，假如路维格把货轮改装成油轮的行动失败了，只要这艘船和石油公司存在，银行就不怕收不到钱。

大通银行同意把钱借给了路维格。路维格买下了他所要的旧货船，改成油轮，租了出去。然后他利用这艘船做抵押来借另一笔款子，再买一艘船。路维格的精明之处在于利用那家石油公司的信用来增强自己的信用。

这种情形持续了几年，当最后一笔债付清之后，路维格就成了这条船的主人，租金不再被银行拿走，而是由他放入自己的口袋。

后来路维格又着手筹建造船公司。他设计普通油轮或其他用途的船只，在还没有开工建造的时候，他就与人签约，愿意在船完工的时候把它租出去。路维格拿着船租契约，跑到一家银行去借钱造船。这种借款采取延期分期摊还的还款方式，银行要在船下水之后才能开始收钱。船一下水，租费就可转让给银行，于是这笔贷款又像他开始借款买船时一样付清了。等到一切手续办妥，路维格就成了理所当然的船主，可是他当初并没有花一分钱。

在路维格"发明"的这种贷款方式通行无碍之后，他先后租借别人的码头和船坞，继而借银行的钱建造自己的船。就这样，路维格有了自己的造船公司。在第二次世界大战期间，美国政府购买了路维格所建造的许多船，他的造船公司就这样迅速地发展起来。

★★★★★

事实证明，创新方法是解决难题的前提。创新首先要在思想上寻找突破，以新思想、新思维去面对不断发展的事物本身，以发展的眼光去看待不断变化的事物。所以，我们要敢想敢做，敢于有不同于常人的思维与方法，使创新思路结合自身特点，出奇制胜解决问题。

员工岗位 创新精神
Yuangong Gangwei Chuangxin Jingshen

2 5W1H法：连续追问举一反三

"5W1H法"也叫六何分析法，是一种思考方法，也可以说是一种创新技法。在企业管理、日常工作和学习中得到广泛的应用。

★★★★★

1932年，美国政治学家拉斯维尔提出"5W分析法"，后经过人们的不断运用和总结，逐步形成了一套成熟的"5W＋1H"模式。5W1H主要指：

Why——为什么要做，是原因；
What——做什么，做成什么，是目标；
Where——在哪儿做，是地点；
When——什么时候做，是时间；
Who——谁来做，是执行对象；
How——怎么做，是方法。

★★★★★

"5W1H分析法"为人们提供了科学的工作分析方法，常常被运用到制订计划草案上和对工作的分析与规划中，并能使我们工作有效地执行，从而提高效率。

★★★★★

一位丰田公司生产主管去车间现场巡视，发现车间的一个过道上有一块不小的厚纸皮，按照现场管理的要求，车间现场不应该有类似垃圾的东西，更何况是这么大的一块厚纸皮！既然没有被及时清理，肯定有原因。

于是问现场的工人："为什么这过道上有这么一块厚纸皮？"

工人答："地上有一大片油。"

再问："为什么过道上会有一大片油？"

工人答："刚才在用叉车搬运机搬部件时发生了侧翻，机油泄漏了。"

三问："为什么叉车会发生侧翻？"

工人答："叉车有故障。"

四问："为什么叉车的故障没有及时发现？"

工人答："前几天已经发现有故障，而且第一时间通知了叉车的供应商。"

最后问："那为什么还会因为故障引发叉车侧翻？"

工人答："已经催促厂商或供应商五次了，让他们来诊断维修，但却没有维修人员来修复。"

问完这五个为什么以后，就可以知道是叉车质量出了问题，而叉车的供应商售后服务做得并不到位，这自然会影响生产效益。生产主管立即向设备采购等相关部门报告，解决了这个生产中的问题。

★★★★★

5W1H是一种定律，是一种原理，也是一种流程。在工作中，解决实际问题时经常会用到"5W1H分析法"，对问题的起因进行初步的分析。问题是在哪里发现的？这将带你追根溯源，接近问题的最根本原因。随后，通过"五个为什么"细节分析法就可以找到结果。这种方法是很有效的。

在岗位创新中，尤其是对于创新产品的设计来讲，在着手设计之前，用5W1H这个方法来分析产品，能够对产品有全面、清晰的认识，那么便会有利于我们的创新设计工作。

员工岗位 创新精神
Yuangong Gangwei Chuangxin Jingshen

★★★★★

当乔布斯提出，真正的智能手机是什么的时候，iPhone 的雏形便也随之诞生了。我们虽然不清楚苹果手机创新的具体细节，但可以用 5W1H 法研究苹果手机当时的创新过程。

1. What（什么事情）

面对一个苹果手机的设计，首先要清晰地知道为什么要设计这个产品？这个产品是什么东西？设计这个产品能够带来什么经济、社会、文化效应？

2. Where（什么地点）

这个苹果手机在哪里销售？这个苹果手机的使用环境如何？通过对销售市场的分析，可以预想到苹果手机的未来样子。如果是美国市场，那么他们对产品的要求品质感十分注重；如果在中东市场，是否要考虑这个地区的宗教文化特征；如果是欧洲市场，产品的安全认证是否需要格外注意。

3. When（什么时间）

苹果手机在什么时间工作？这个苹果手机的工作时间是否是连续性工作？冬季使用还是夏季使用？这样的分析会让我们清晰认识到，这个产品的使用时间。长时间操作的工具，更需要注意手感的舒适度。

4. Who（人员）

苹果手机给什么人用？购买者又是谁？男生还是女生使用？受众人群的职业、喜好分析？全方位地分析人群的特征，会让这个产品在市场上更容易接受，继而达到预期的成功。

5. Why（原因是）

为什么要出现苹果手机？为什么需要苹果手机？

6. How（什么方法）

怎么实现苹果手机的功能？有没有更好的方法实现？用什么工艺、材质、颜色实现？

★★★★★

乔布斯并非技术学院科班出身，但他创新的苹果手机确实取得了伟大的成功。我们在这里用"5W1H方法"能很好地解释分析苹果手机的创新过程。因此，创新最好的办法就是认真分析。很多事情经过层层分析之后，就会变得简单化、规律化，从而可以被轻松、顺畅地解答出来。一位著名的哲学家曾感慨地说："从逻辑的角度来看，没有任何事情是值得奇怪的。"这说的就是分析能力的魅力，也是我们在创新方法中特别强调分析能力的原因。

3

头脑风暴法：激荡脑力自由碰撞

头脑风暴法出自"头脑风暴"一词。所谓头脑风暴最早是精神病理学上的用语，指精神病患者的精神错乱状态，如今转而为无限制地自由联想和讨论，其目的在于产生新观念或激发创新设想。

头脑风暴法可分为直接头脑风暴法（通常简称为头脑风暴法）和质疑头脑风暴法（也称反头脑风暴法）。前者是在专家群体决策尽可能激发创造性，产生尽可能多的设想的方法，后者则是对前者提出的设想、方案逐一质疑，分析其现实可行性的方法。

采用头脑风暴法时，要集中有关专家召开专题会议，主持者以明确的方式向所有参与者阐明问题，说明会议的规则，尽力创造融洽轻松的会议气氛。在不受任何限制的情况下，集体讨论问题能激发人的热情。人人自由发言、相互影响、相互感染，能形成热潮，突破固有观念的束缚，最大限度地发挥创造性的思维能力。运用头脑风暴法必须严格遵守下列原则：

员工岗位 创新精神

第一，禁止批评和评论，也不要自谦。对别人提出的任何想法都不能批判，不得阻拦。即使自己认为是幼稚的、错误的，甚至是荒诞离奇的设想，也不得予以驳斥；同时也不允许自我批判，在心理上调动每一个与会者的积极性，彻底防止出现一些"扼杀性语句"和"自我扼杀语句"。诸如"这根本行不通""你这想法太陈旧了""这是不可能的""这不符合某某定律"以及"我提一个不成熟的看法""我有一个不一定行得通的想法"等语句，禁止在会议上出现。只有这样，与会者才可能在充分放松的心境下，在别人设想的激励下，集中全部精力开拓自己的思路。

第二，目标集中，追求设想数量，越多越好。在头脑风暴法实施会上，只强制大家提设想，越多越好。会议以谋取设想的数量为目标。

第三，鼓励。巧妙地利用和改善他人的设想，这是激励的关键所在。每个与会者都要从他人的设想中激励自己，从中得到启示，或补充他人的设想，或将他人的若干设想综合起来提出新的设想等。

第四，与会人员一律平等，各种设想全部记录下来。与会人员，无论是该方面的专家、员工，还是其他领域的学者，以及该领域的外行，一律平等；各种设想，无论大小，甚至是最荒诞的设想，记录人员也要认真地将其完整地记录下来。

第五，主张独立思考，不允许私下交谈，以免干扰别人思维。

第六，提倡自由发言，畅所欲言，任意思考。会议提倡自由奔放、随便思考、任意想象、尽量发挥，主意越新、越怪越好，因为它能启发人推导出好的观念。

下面我们就来看看运用"头脑风暴法"的一个有趣的案例。

★★★★★

有一年，美国北方格外的寒冷，大雪纷飞，电线上积满冰雪，大跨度的电线被积雪压断，严重影响了通信。过去，许多人试图解决这一问题，但都未能如愿。后来，电信公司经理应用奥斯本发明的头脑风暴法，尝试解决这一难题。他召开了一种能让头脑卷起风暴的座谈会，参加会议的是不同专业的技术人员，要求他们必须遵守以下原则：

第一，自由思考。即要求与会者尽可能解放思想，无拘无束地思考问题并畅所欲言，不必顾虑自己的想法或说法是否"离经叛道"或"荒唐可笑"。

第二，延迟评判。即要求与会者在会上不要对他人的设想评头论足，不要发表"这主意好极了！""这种想法太离谱了！"之类的"捧杀句"或"扼杀句"。至于对设想的评判，留在会后组织专人考虑。

第三，以量求质。即鼓励与会者尽可能多而广地提出设想，以大量的设想来保证质量较高的设想的存在。

第四，结合改善。即鼓励与会者积极进行智力互补，在增加自己提出设想的同时，注意思考如何把两个或更多的设想结合成另一个更完善的设想。

按照这种会议规则，大家七嘴八舌地议论开来。有人提出设计一种专用的电线清雪机；有人想到用电热来化解冰雪；也有人建议用振荡技术来清除积雪；还有人提出能否带上几把大扫帚，乘坐直升机去扫电线上的积雪。对于这种"坐飞机扫雪"的设想，大家心里尽管觉得滑稽可笑，但在会上也无人提出批评。相反，有一工程师在百思不得其解时，听到用飞机扫雪的想法后，大脑突然受到冲击，一种简单可行且高效率的清雪方法冒了出来。他想，每当大雪过后，出动直升机沿积雪严重的电线飞行，依靠高速旋转的螺旋桨即可将电线上的积雪迅速扇落。他马上提出"用直升机扇雪"的新设想，顿时又引起其他与会者的联想，有关用飞机除雪的主意一下子又多了七八条。不到一小时，与会的10名技术人员共提出90多条新设想。

会后，公司组织专家对设想进行分类论证。专家们认为设计专用清雪机，采用电热或电磁振荡等方法清除电线上的积雪，在技术上虽然可行，但研制费用大，周期长，一时难以见效。那种因"坐飞机扫雪"激发出来的几种设想，倒是一种

员工岗位 创新精神
Yuangong Gangwei Chuangxin Jingshen

大胆的新方案，如果可行，将是一种既简单又高效的好办法。经过现场试验，发现用直升机扇雪真能奏效，一个久悬未决的难题，终于在头脑风暴会中得到了巧妙地解决。

★★★★★

"头脑风暴法"是磨砺人的创造性思维能力的最好的方法之一。在岗位创新中，不妨每天给自己做一次"头脑风暴"，对象可以是任何事物。在一次"头脑风暴"中，除非有了20个左右的想法，否则就不要停下来。此外，不要急着对这些想法进行过滤，不管这些想法有多么荒诞，都先把它们写下来，并试着接受这些想法。在思考的过程中，有一些想法可能是轻而易举能想到的，有一些会有一定的难度，另外一些会很难想出，而这部分也正是精华所在，不能轻易放弃！员工多多进行这样的思考，最终会形成一种创新的思考习惯，能激发个人追求更多更好的主意。

4

德尔菲法：函询专家意见

德尔菲法（Delphi Method）是在20世纪40年代由O·赫尔姆和N·达尔克首创，经过T·J·戈登和兰德公司进一步发展而成的。德尔菲这一名称起源于古希腊有关太阳神阿波罗的神话。传说中阿波罗具有预见未来的能力。因此，这种预测方法被命名为德尔菲法。1946年，兰德公司首次用这种方法用来进行预测，后来该方法被迅速广泛采用。

德尔菲法又名专家意见法或专家函询调查法，本质上是一种反馈匿名函询法。其大致流程是：在对所要预测的问题征得专家的意见之后，

第四章 掌握创新方法，勇于实践拓展创新空间

进行整理、归纳、统计，再匿名反馈给专家，再次征求意见，再集中，再反馈，直至得到一致的意见。其过程可简单表示如下：匿名征求专家意见—归纳、统计—匿名反馈—归纳、统计……若干轮后停止。由此可见，德尔菲法是一种利用函询形式进行的集体匿名思想交流过程。它有三个明显区别于其他专家预测方法的特点，即匿名性、多次反馈、小组的统计回答。

第一，匿名性。因为采用这种方法时所有专家组成员不直接见面，只是通过函件交流，这样就可以消除权威的影响。这是该方法的主要特征。匿名是德尔菲法的极其重要的特点，从事预测的专家彼此互不知道其他有哪些人参加预测，他们是在完全匿名的情况下交流思想的。后来改进的德尔菲法允许专家开会进行专题讨论。

第二，反馈性。该方法需要经过3~4轮的信息反馈，在每次反馈中使调查组和专家组都可以进行深入研究，使得最终结果基本能够反映专家的基本想法和对信息的认识，所以结果较为客观、可信。小组成员的交流是通过回答组织者的问题来实现的，一般要经过若干轮反馈才能完成预测。

第三，统计性。最典型的小组预测结果是反映多数人的观点，少数派的观点至多概括地提及一下，但是这并没有表示出小组的不同意见的状况。而统计回答却不是这样，它报告1个中位数和2个四分点，其中一半落在2个四分点之内，一半落在2个四分点之外。这样，每种观点都包括在这样的统计中，避免了专家会议法只反映多数人观点的缺点。

在德尔菲法的实施过程中，始终有两方面的人在活动，一是预测的组织者，二是被选出来的专家。首先应注意的是德尔菲法中的调查表与通常的调查表有所不同，它除了有通常调查表向被调查者提出问题并要求回答的内容外，还兼有向被调查者提供信息的责任，它是专家们交流思想的工具。

★★★★★

某空调公司研制出一种新产品，现在市场上还没有相似产品出现，因此没有历史数据可以获得。但公司需要对可能的销

员工岗位 创新精神

售量作出预测，以决定产量。于是该公司成立专家小组，并聘请业务经理、市场专家和销售人员等8位专家，预测全年可能的销售量。8位专家通过对新产品的特点、用途进行了了解，以及人们的消费能力和消费倾向做了深入调查，提出了个人判断，经过三次反馈得到的结果如下表所示。

单位：（万台）

专家编号	第一次判断			第二次判断			第三次判断		
	最低销售量	最可能销售量	最高销售量	最低销售量	最可能销售量	最高销售量	最低销售量	最可能销售量	最高销售量
1	500	750	900	600	750	900	550	750	900
2	200	450	600	300	500	650	400	500	650
3	400	600	800	500	700	800	500	700	800
4	750	900	1500	600	750	1500	500	600	1250
5	100	200	350	220	400	500	300	500	600
6	300	500	750	300	500	750	300	600	750
7	250	300	400	250	400	500	400	500	600
8	260	300	500	350	400	600	370	410	610
平均数	345	500	725	390	550	775	415	570	770

数据表明专家的意见相当分散。专家根据反馈意见大多数人修改了自己的意见并向中位数靠拢。因此用中位数计算，最低销售量的中位数为第三项，即400。最可能销售量的中位数为第三项，即600。最高销售量的中位数为第三、第四项的平均数，即700。将最可能销售量、最低销售量和最高销售量分别按0.50、0.20和0.30的概率加权平均，则预测平均销售量为：$1200 \times 0.50 + 800 \times 0.20 + 1550 \times 0.30 = 1225$。

★★★★★

德尔菲法依据系统的程序，采用匿名发表意见的方式，即专家之间不得互相讨论，不发生横向联系，只能与调查人员发生关系，通过多轮次调查专家对问卷所提问题的看法，经过反复征询、归纳、修改，最后汇总成专家基本一致的看法，作为预测的结果。这种方法具有广泛的代表性，较为可靠。德尔菲法的工作流程大致可以分为四个步骤，在每一步中，组织者与专家都有各自不同的任务。

第一，开放式的首轮调研。①由组织者发给专家的第一轮调查表是开放式的，不带任何框框，只提出预测问题，请专家围绕预测问题提出预测事件。因为，如果限制太多，会漏掉一些重要事件。②组织者汇总整理专家调查表，归并同类事件，排除次要事件，用准确术语提出一个预测事件一览表，并作为第二步的调查表发给专家。

第二，评价式的第二轮调研。①专家对第二步调查表所列的每个事件作出评价。例如，说明事件发生的时间、争论问题和事件或迟或早发生的理由。②组织者统计处理第二步专家意见，整理出第三张调查表。第三张调查表包括事件、事件发生的中位数和上下四分点，以及事件发生时间在四分点外侧的理由。

第三，重审式的第三轮调研。①发放第三张调查表，请专家重审争论。②对上下四分点外的对立意见作一个评价。③给出自己新的评价（尤其是在上下四分点外的专家，应重述自己的理由）。④如果修正自己的观点，也应叙述改变理由。⑤组织者回收专家们的新评论和新争论，与第二步类似地统计中位数和上下四分点。⑥总结专家观点，形成第四张调查表。其重点在争论双方的意见。

第四，复核式的第四轮调研。①发放第四张调查表，专家再次评价和权衡，作出新的预测。是否要求作出新的论证与评价，取决于组织者的要求。②回收第四张调查表，计算每个事件的中位数和上下四分点，归纳总结各种意见的理由以及争论点。

值得注意的是，并不是所有被预测的事件都要经过四步。有的事件可能在第二步就达到统一，而不必在第三步中出现；有的事件可能在第四步结束后，专家对各事件的预测也不一定都达到统一。不统一也可以用中位数与上下四分点来作结论。事实上，总会有许多事件的预测结果是不统一的。

员工岗位 创新精神
Yuangong Gangwei Chuangxin Jingshen

5

中山正和法：孵化创新方案

中山正和法又称为"NM法"，由日本创造工程研究所所长中山正和教授创设。它是指优选出能反映发明目标本质的几个关键词后，进行扩散思维，想出多种实现关键词功能的方式或设想，再进行集中思维，优选出一种关键方式或设想，经过多次优选，直到综合出一种最优设计方案的创新技法。

★★★★★

中山正和系日本北海道大学理学部物理科毕业，曾任日本电信电话公司电气通信研究所调查员，日本乐器制造股份有限公司企画室次长、创造工学技术研究所、发明公司会长、东京艺术大学讲师、金泽工业大学教授等职，著有《智慧的构造》《演绎、归纳、假说检定》《感觉的构造》《工学禅》《创造性的自我发现》《智慧的再发现》等书，并拥有AI合金、AP合金等多项发明专利及各种日本海内外发明奖。中山正和曾依人工头脑学及大脑生理学等观点，倡导《创造工学》，使创造活动得以相当程度地纳入可管理或可控制的境界，他不但是NM法的创始人，同时也是工学禅的创始人。

中山正和教授根据人的高级神经活动理论，把人的记忆分成"点的记忆"和"线的记忆"，通过联想、逆向思维、类比等方法，来搜索平时积累起来的"点的记忆"，经过重新组合，把它们连成"线的记忆"，这样就会涌现大量的创造性设想，从而获得新的发明创造。这种方法由中山正和教授发明。高桥教授作了改进，大家称为中山正和法，简称 NM 法。

中山正和法最为醒目的特点是 HBC（Human Brain Computer）模型。该模型将人的大脑机能分为五个不同层次：S→O（Stimulus→Output）层、I→O（Image→Output）层、I.S（Image—Storage）层、W.S（Word—Storage）层、W.R 层。这五个层次的级别是逐层增加的，前三个层次是无意识的行为，是人类创意的源泉，后两个层次是抽象、推理、演绎一系列有意识的行为。通过对该法的运用流程分析，可以看出中山正和法善于从杂乱的问题中找出事物之间显性和隐性存在的关联，有利于理清思路，提出明确的解决方案，所以本法较适合在创新活动中出现的那些看似模糊而且牵涉面较广的问题。

★★★★★

中山正和法对于发展员工智力，培养创新能力有着十分重要的意义。企业创新管理中也常用此法来解决许多重大问题。比如当一家公司生产的产品在市场上面临滞销的危险时，总经理便召集三五个智囊人物，在限定的单位时间内，以"促销"为思维点，每个人想几个办法，然后将大家的高见输入计算机进行论证，最后得出一个最科学的结论，立即付诸实施。这种企业管理中的创新方法，既能博采众长，又能迅速提高效益，因而这种方法还可广泛运用于科技、军事、行政决策等领域。

★★★★★

让我们看看日本人发明创新型洗衣机时的构想，就可以明白中山正和法的科学性。日本企业发明洗衣机的构想过程是这样的：

（1）确定课题目标。发明一种代替人工洗衣、节省人力、节省时间、一次能洗多件衣服的家用电器。

员工岗位 创新精神

（2）优选出反映课题目标本质的3~5个关键词。发明洗衣机的构思过程，一开始并不是先具体构思洗衣机的结构，而是把洗衣机的功能抽象化，优选出3~5个能反映洗衣机本质功能的关键词：洗、清洁、安全等。

（3）想出多种能实现关键功能的方式或设想。例如，以关键词"洗"为例，针对实现洗的功能的方式进行扩散思维，充分发挥想象力，想出各种洗涤方法：搓板搓洗、刷子刷洗、棒槌敲打、河中漂洗、流水冲洗等方法。

（4）对上述多种洗涤方法进行比较，优选出一种经济、可行、可用于机械化洗衣的洗涤方式：流水冲洗方法，并找出实施这种洗涤方法的关键是如何加速水流的问题。

（5）围绕流水冲洗方式和加速水流的关键问题，充分发挥想象力，找出加速水流的一系列装置：如泵、喷嘴、促使水流转动的转盘、滚筒、超声波发生器等。

（6）优选出经济、可行的装置：滚筒及其他部件，则可综合出滚筒洗衣机的设计方案。

这样，创新型的洗衣机就这样被发明了。

☆☆☆☆☆

中山正和法的创新方法比较属于模拟思考，如情境模拟、现象模拟、拟人模拟等大自然现象，较容易产生联想，故也称为想法移植术。依中山正和的说法，对于任何问题的解决，如有"这样做应可解决问题吧！"此种想法时，此想法即为"假说"，而此假说即为"创意"。有创意就有创新。因此，在岗位创新中学会此方法大有用处。

第四章

掌握创新方法，勇于实践拓展创新空间

6

功能模拟，仿生学下的创新

功能模拟是以功能和行为的相似性为基础，用"模型"模拟"原型"的创新方法。

在实际应用中，功能模拟大量应用于仿生学下的各种创新。

仿生学是模仿生物的特殊本领的一门科学。仿生学藉了解生物的结构和功能原理，来研制新的机械和新技术，或解决机械技术的难题。1960 年由美国的 J. E. Steele 首先提出。仿生学这个名词来源于希腊文"Bio"，意思是"生命"，字尾"nic"有"具有……的性质"的意思。他认为"仿生学是研究以模仿生物系统的方式、或是以具有生物系统特征的方式、或是以类似于生物系统方式工作的系统的科学"。简言之，仿生学就是模仿生物的科学。确切地说，仿生学是研究生物系统的结构、特质、功能、能量转换、信息控制等各种优异的特征，并把它们应用到技术系统，改善已有的技术工程设备，并创造出新的工艺过程、建筑构型、自动化装置等技术系统的综合性科学。从生物学的角度来说，仿生学属于"应用生物学"的一个分支；从工程技术方面来看，仿生学根据对生物系统的研究，为设计和建造新的技术设备提供了新原理、新方法和新途径。

★★★★★

生物具有的功能迄今比任何人工制造的仿生学机械都优越得多，仿生学就是要在工程上实现并有效地应用生物功能。比

员工岗位 创新精神

如苍蝇是细菌的传播者，谁都讨厌它。可是苍蝇的楫翅是"天然导航仪"，人们模仿它制成了"振动陀螺仪"。这种仪器目前已经应用在火箭和高速飞机上，实现了自动驾驶。苍蝇的眼睛是一种"复眼"，由3000多只小眼组成，人们模仿它制成了"蝇眼透镜"。"蝇眼透镜"是一种新型光学元件，它的用途很多。"蝇眼透镜"是用几百或者几千块小透镜整齐排列组合而成的，用它作镜头可以制成"蝇眼照相机"，一次就能照出千百张相同的相片。这种照相机已经用于印刷制版和大量复制电子计算机的微小电路，大大提高了工效和质量。

★ ★ ★ ★ ★

自古以来，自然界就是人类各种技术思想、工程原理及重大发明的源泉。人类的智慧不仅仅停留在观察和认识生物界上，而且还运用人类所独有的思维和设计能力模仿生物，通过创造性的劳动增加自己工具的功能。鱼儿在水中有自由来去的本领，人们就模仿鱼类的形体仿生学造船，以木桨仿鳍。相传早在大禹时期，我国古代劳动人民观察鱼在水中用尾巴的摇摆而游动、转弯，他们就在船尾上架置木桨。通过反复的观察、模仿和实践，逐渐改成橹和舵，增加了船的动力，掌握了使船转弯的手段。这样，即使在波涛滚滚的江河中，人们也能让船只航行自如。鸟儿展翅可在空中自由飞翔。据《韩非子》记载鲁班用竹木作鸟"成而飞之，三日不下"。然而人们更希望仿制鸟儿的双翅使自己也飞翔在空中。早在四百多年前，意大利人列奥纳多·达·芬奇和他的助手对鸟类进行仔细的解剖，研究鸟的身体结构并认真观察鸟类的飞行。他们设计和制造出的扑翼机，是世界上第一架人造飞行器。

在创新工作中，仿生学的主要创新方法就是提出模型，进行模拟。仿生学的任务就是要研究生物系统的优异能力及产生的原理，并把它模式化，然后应用这些原理去设计和制造新的技术设备。其研究程序大致有以下三个阶段：

第一，对生物原型的研究。根据生产实际提出的具体课题，将研究所得的生物资料予以简化，吸收对技术要求有益的内容，取消与生产技术要求无关的因素，得到一个生物模型。

第二，将生物模型提供的资料进行数学分析，并使其内在的联系抽象化，用数学的语言把生物模型"翻译"成具有一定意义的数学模型。

第三，把数学模型制造出可在工程技术上进行实验的实物模型。当然在生物的模拟过程中，不仅仅是简单地仿生，更重要的是在仿生中有所创新。经过实践——认识——再实践的多次重复，才能使模拟出来的东西越来越符合生产的需要。这样模拟的结果，使最终建成的机器设备将与生物原型不同，在某些方面甚至超过生物原型的能力。例如今天的飞机在许多方面都超过了鸟类的飞行能力，电子计算机在复杂的计算中要比人的计算能力迅速而可靠。

仿生学的创新科研已显示出无穷的生命力，它的发展和成就将为促进世界整体科学技术的发展做出巨大的贡献。

7

六顶思考帽法：事半功倍的创意技巧

"六顶思考帽"是英国学者爱德华·德·波诺博士开发的一种创新模式，或者说是一个全面思考问题的模型。它提供了"平行思维"的工具，避免将时间浪费在互相争执上。强调的是"能够成为什么"，而非"本身是什么"，是寻求一条向前发展的路，而不是争论谁对谁错。运用德·波诺的六顶思考帽，将会使混乱的思考变得更清晰，使团体中无意义的争论变成集思广益的创造，使每个人变得富有创造性。

爱德华·德·波诺博士被誉为20世纪改变人类思考方式

员工岗位 创新精神

的缔造者，是创造性思维领域和思维训练领域举世公认的权威，被尊为"创新思维之父"。他1933年出生于马耳他，获得牛津大学心理学、医科哲学博士学位，剑桥大学哲学博士。曾任职于牛津大学、伦敦大学、哈佛大学和剑桥大学。

爱德华·德·波诺博士第一次把创造性思维的研究建立在科学的基础上，是思维训练领域的国际权威。欧洲创新协会将他列为人类历史上贡献最大的250人之一。他在世界企业界拥有广泛影响。德·波诺的代表作《六项思考帽》被译成37种语言，行销54个国家，在这些国家的企业界、教育界和政界得到了广泛的推广和肯定。长期以来，德·波诺思维作为政府、企业和个人生活的决策指南，一直被公认为是最有效的创新思维训练工具，国际思维大会由于德·波诺对人类思维的杰出贡献而授予他"先驱者"称号。

★★★★★

"六项思考帽"是德·波诺博士在创新思维领域的研究成果，一经发表便得到学术界和社会各界的广泛认同。所谓六项思考帽，是指使用六种不同颜色的帽子代表六种不同的思维模式。

白帽子：代表信息及质询。我们现在有什么信息？需要寻找什么信息？还缺乏什么信息？

红帽子：代表情绪、直觉、感觉及基于直觉的想法。只需表达即时的感受，不需要进行解释。

黑帽子：代表谨慎、判断及评估。这是不是真的？会不会成功？有什么弱点？有什么坏处？一定要把理由说出来。

黄帽子：代表效益。这件事为什么值得去做？有什么效益？为什么可以做？为什么会成功？一定要把理由说出来。

绿帽子：代表创新、异见、新意、暗示及建议。有什么可用的解决方法及行动途径？还有什么其他途径？有什么合理的解释？任何意见都不可抹杀。

蓝帽子：代表思考的组织及思考有关的问题。我们到了哪个阶段？

下一个步骤是什么？作出具体说明、概括及决定需要使用哪顶帽子。

"六顶思考帽"是一个操作简单，经过反复验证的思维工具，它给人以热情，勇气和创造力，让每一次会议，每一次讨论，每一份报告，每一个决策都充满新意和生命力。这个工具能够帮助人们：提出建设性的观点；聆听别人的观点；从不同角度思考同一个问题，从而创造高效能的解决方案。用"平行思维"取代批判式思维和垂直思维，提高团队成员的集思广益能力，为统合综效提供操作工具。

六顶思考帽已被美、日、英、澳等50多个国家政府在学校教育领域内设为教学课程。同时也被世界许多著名商业组织采用作为创造组织合力和创造力的通用工具。用"六顶思考帽"来考虑我们工作中存在的问题，会起到意外的效果。

★★★★★

1984年首次个人承办奥运会成功并获得1.5亿美元巨额利润的美国商人彼德·尤伯罗斯，将自己的超凡成就归功于水平思考法引发的新观念和新想法，他曾参加过德·波诺博士举办的青年总裁组织（Younger President Organization）六顶思考帽培训班。

德国西门子公司有37万人学习德·波诺的思维课程，随之产品开发时间减少了30%。

英国Channel 4电视台说，通过接受培训，他们在两天内创造出新点子比过去六个月里想出的还要多。

芬兰的ABB公司曾就国际项目的讨论花了30天的时间，而今天，通过使用平行思维，仅用了2天。

麦当劳日本公司让员工参加"六顶思考帽"思维训练，取得了显著成效。不到一年的时间，职员会议的次数减少到25%；因为减少了黑帽思维所占时间的比例，工作的文化氛围更加积极了，员工更有激情。

在杜邦公司的创新中心，设立了专门的课题探讨用德·波诺的思维工具改变公司文化，并在公司内广泛运用"六顶思

员工岗位 创新精神
Yuangong Gangwei Chuangxin Jingshen

考帽"。

★★★★★

在岗位创新中,员工要注意帽子顺序非常重要,我们可以想象一个人写文章的时候需要事先规划结构提纲,以便自己不会写得混乱,一个程序员在编制大段程序之前也需要先设计整个程序的模块流程,思维同样是这个道理。"六顶思考帽"不仅仅定义了思维的不同类型,而且定义了思维的流程结构对思考结果的影响。一个典型的六顶思考帽在实际中的应用步骤如下:

第一,运用"白色思考帽"来思考、搜集各环节的信息,收取各个部门存在的问题,找到基础数据。

第二,戴上"绿色思考帽",用创新的思维来考虑这些问题,不是一个人思考,而是各层次管理人员都用创新的思维去思考,大家提出各自解决问题的办法、好的建议、好的措施。也许这些方法不对、甚至无法实施。但是,运用创新的思考方式就是要跳出一般的思考模式。

第三,分别戴上"黄色思考帽"和"黑色思考帽",对所有的想法从"光明面"和"良性面"进行逐个分析,对每一种想法的危险性和隐患进行分析,找出最佳切合点。"黄色思考帽"和"黑色思考帽"这两种思考方法,是列举优点和缺点,进行否决或进行肯定。

第四,再戴上"红色思考帽",从经验、直觉上,对已经过滤的问题进行分析、筛选,做出决定。

第五,在思考的过程中,还应随时运用"蓝色思考帽",对思考的顺序进行调整和控制,甚至有时还要刹车。因为,观点可能是正确的,也可能会进入死胡同。所以,在整个思考过程中,应随时调换思考帽,进行不同角度的分析和讨论。

第五章

主动创新，积极进取在岗位中找到创新密码

在工作中，许多员工抱着坚守岗位的态度，一切因循守旧，缺少创新精神，认为创新是老板的事，与己无关，自己只要把分内的工作做妥就行。这种思想实在要不得。积极主动的岗位创新不仅仅是为企业创造效益的工具，更是实现员工个人发展的根基。

员工岗位 创新精神
Yuangong Gangwei Chuangxin Jingshen

1

张开想象的翅膀，工作中就要多思多想

创新精神需要想象。想象是人脑在原有表象的基础上加工改造成新的形象的心理过程。想象力是创造力的基础，没有想象就没有创新。

★★★★★

有一只猴子，有一双火眼金睛，能看穿妖魔鬼怪的伪装，一个筋斗能翻十万八千里，一根毫毛能有七十二般变化，一根如意金箍棒，能大能小，随心变化。它能上天入地，腾云驾雾……它影响了我们一代又一代人。这只猴子是谁呢？

还有一个戴着眼镜的小男孩，骑着他的飞天扫帚，在世界各地掀起一股魔法旋风，全世界都为之疯狂。在他的世界里，奇迹、神话、魔法……什么都不会过分。这个小男孩又是谁呢？

★★★★★

也许大家心里早已有了答案，没错，那只猴子是孙悟空，那个小男孩是哈利·波特。可是，《西游记》的作者吴承恩，并没有亲自到西天取过经，也无法上天宫目睹神仙面目，那他为什么能够栩栩如生地描述这些动人的故事呢？"魔法妈妈"罗琳并不会魔法，也无法去魔幻世界亲自感受，那她为什么能描绘出一个神奇的魔幻故事呢？答案就在于他们都有着非凡的想象力。爱因斯坦说过："想象力比知识更重要，因为知识是有限的，而想象概括着世界上的一切，推动着社会的进步，成为知识进化的源泉。"

第五章
主动创新，积极进取在岗位中找到创新密码

★★★★★

早在中国的古代，有一位勇于创新的人物，他就是伟大数学家——祖冲之。他小时候学习数学时，从书上看到"周三径一"，意思就是：圆的周长是它的直径的三倍。祖冲之就想：为什么是三倍呢？于是他跑到街上去量车轮，事实并不像书上所说的"周三径一"。于是祖冲之想：不是三倍会是多少呢？这个问题也伴随着他的一生。祖冲之倾注了毕生的心血，最终将圆周率精确在了3.1415926和3.1415927之间，他也成为世界历史上第一个将圆周率精确到小数点后七位数字的人。

在一百多年前的西方，也有一位大名鼎鼎的科学家，他就是牛顿，他赖以成名的就是他所发现的万有引力定律。一次，牛顿在一棵苹果树下看书，突然一个熟透的苹果掉下来，正好砸在牛顿的头上，于是他想：苹果成熟了为什么不往天上掉，而往地上掉呢？围绕这个问题，他展开了一系列研究，最后发现了震惊全世界的万有引力定律。

★★★★★

创新需要放飞想象的翅膀。如果没有这种勇于想象的创新精神，就没有今日人类的文明。

现实生活中，人们会常常听到这样的话："做事过过脑子""多用大脑想一想"等。这些话无疑都表明了一个观点，那就是大脑具有天生的思考想象能力。综观世界上那些有杰出贡献的人，他们都有一个共同点，那就是多思多想。其实，在大部分的日常生活中，大家都在运用想象——不管是工作计划，还是学习安排，我们都要运用它。想象是人类大脑中孕育智慧潜能的超级矿藏，能使思维充满创造的活力。想象更存在于人类的一切创造与创新领域。发明一个仪器，设计一件服装，设计一幢大厦，描绘一幅图画，写一本书，都离不开想象。

有研究表明，大多数人没有展现自己的想象力，并不是因为缺乏想象力，而是因为害怕听到他人对自己想象的看法，于是他们习惯于压制自己那些偏离一般准则、让人瞠目的思维。对此，有人认为："没有大

员工岗位 创新精神

胆的猜想就没有伟大的发现。"因此，在创新中，大家要大胆地去想象，激发出自己的潜力。

★★★★★

美国人莫尔斯原本是一名画家，1832年10月他在由法国返回美国的轮船上，一名叫杰克逊的医生在介绍一种叫"电磁铁"的新器件时说："实验已经证明，不管电线有多长，电流都可以神速地通过。"正是这句话使莫尔斯沉浸在神奇的幻想之中，他大胆设想：既然电流可以在瞬间通过导线，那么我们是否可以用电流来远距离传输信息呢？这个想法使他坐卧不安，从此以后，他告别了艺术，投身到科学领域，专门研究电流传输信息的问题，最终发明了电报。

德国化学家凯库勒发现"苯环"结构，也是在想象中完成的。1861年起，凯库勒开始研究苯的结构。他善于想象，把化合物的性能与结构联系起来，他的苦心研究终于有了结果，1864年冬天，他的科学灵感使他获得了重大的突破。他曾记载道："我坐下来写我的教科书，但工作没有进展，我的思想开小差了。我把椅子转向炉火，打起瞌睡来了。原子又在我眼前跳跃起蛇咬尾状来，这时较小的基团谦逊地退到后面。我的思想因这类幻觉的不断出现变得更敏锐了，现在能分辨出多种形状的大结构，也能分辨出有时紧密地靠近在一起的长行分子，它围绕、旋转，像蛇一样地动着。看！那是什么？有一条蛇咬住了自己的尾巴，这个形状虚幻地在我的眼前旋转着。像是电光一闪，我醒了。我花了这一夜的剩余时间，作出了这个假想。"于是，凯库勒首次满意地写出了苯的结构式。

★★★★

想象力是人类创新的源泉。英国一位数学家在题为《想象的天地》的演讲中指出："所有伟大的科学家都自由地运用他们的想象，并且听凭他们的想象得出一些狂妄的结论，而不叫喊停止前进！"成功学大师拿破仑·希尔说："想象力是一个人的灵魂的创造力，是每个人自己的财富。"

想象思维是个体对已有表象进行加工，产生新形象的过程。想象以记忆表象为基础，但它不是记忆表象的简单再现。想象是以组织起来的形象系统对客观现实的超前反映。工程师根据自己在建筑方面的知识经验，设计出建筑物的形象。在想象中，这些记忆表象的画面就像过电影一样，在脑中涌现，经过黏合、夸张、人格化、典型化等加工，当形成新的有价值的表象时，新想法、新技术、新产品出现了。

既然想象如此重要，那该如何放飞自己的想象呢？不妨试试以下的小技巧：

第一，扩大知识面。

丰富的想象力一般是在掌握一定的知识和经验的基础上完成的，也是以记忆为基础的。而一切科学的创造、技术上的革新和艺术上的创作，都是在丰富知识经验的基础上，通过创造性想象而获得的。因此，一个人的知识、经验、信息储备，对于发挥自己的想象力有着重要的影响。但这并不意味着想象力与知识经验成正比。缺乏独立思考、满足已有知识的人，同样无法充分发挥出自己的想象力。员工要放飞自己想象力，就必须加强知识储备，拓宽自己的知识视野，学会独立思考，这是最基本的要求！

第二，要敢去想。

开发想象力，一定要敢于想。事生于虑、成于做。科学家告诉我们：人们"不可能"做的事，往往不是由于缺乏力量和金钱，而是由于缺乏想象和观念。人类思维中的无与伦比的想象力，是科学不断进入未知领域的原初动力，所以要敢于异想天开，不怕胡思乱想。想象的火花迸发于丰富的知识矿藏，创造想象尤其需要丰富的知识和经验。人们知识、经验的多少直接影响想象力的深度和广度。所以，我们要拓宽视野，博览群书，扩大知识领域，丰富表象储备，这样才能够产生科学的创造想象。否则，就会想"想"但却想不出，或者"想"得出的却是无用的空想。还要"善于想"。要打破常规跳出框框想，跳出传统的框框、书本的框框、名言的框框、经验的框框和从众的框框，任想象不受

员工岗位 创新精神
Yuangong Gangwei Chuangxin Jingshen

束缚地自由飞翔，展开想象的翅膀，自由创造地思维。

第三，培养开阔的思路。

人的头脑只有时刻处于不断的运动之中，才能克服思维的阻塞，不断保持和提高思维的流畅性，通过经常有意识地训练，可以使思路开阔。在日常学习和生活中，员工可以通过构想某一物体尽可能多的用途来训练自己开阔思路。比如可以让自己在两分钟内写出尽量多的纸的用途、汽车的用途、煤的用途、土的用途等。在思考每一种东西的多种用途时，就是在尽力扩展自己的思维，不断增加思考的角度和思路的数量，长此以往，就会从多方面把握自己的思维能力。记住，大脑越用越灵活，只要你坚持随时进行有意识的训练和练习，创新思路就会越来越开阔。

2
培养超前意识，创新必须着眼未来

超前意识就是洞悉某一领域的发展方向并率先行动的能力，其主要特点是预见性。现代社会各个部门各种行业内部都充满竞争。以达尔文进化论观点来说，谁能适应这种竞争，谁就有生存的机会；谁赢得这场竞争，谁就得以发展。于是，人们都在纷纷寻找生存和发展的途径，在这里具备超前意识是相当重要的。超前意识需要跳跃的灵感、广泛的视角，只有这样才能培养出一个超前的头脑。

★★★★★

第二次世界大战期间，美国许多企业由于受战争影响都处于半停滞、半瘫痪状态，除了军火工业，大多数行业都不景气。杰克是一家面临倒闭的缝纫机厂厂长，他经过深思熟虑，果断决定改行，但他并没有转向当时的其他行业，而是以超前的意识发现了战争所带来的市场——伤兵和伤残的百姓。于是他们设计和改造部分设备开发出残疾人用的轮椅。当世界大战即将结束时，那些受伤的人们纷纷购买轮椅，一时间轮椅成了热销货，而这种产品当时只有杰克一家有大批现货。这样，轮椅不但在美国销得快，还远销到国外。

★★★★★

超前意识，用一句老话说，那就是未雨绸缪，以长远的眼光，对未来早作谋划。成功者永远只是那些站在前面的人，因为他们最擅长的是看到前方，看到远处；失败者永远只会跟在别人后面，盯着别人的脚跟，踏着别人的鞋印。奇迹由谁来创造？结果不言自明！能预知三天之后发展变化的人，是聪明的人；而能预知三年之后发展变化的人就是伟大的人。只有想在他人前面，才能做在他人前面。

★★★★★

日本著名女企业家寺田千代原是一个个体运输户。20世纪70年代爆发世界性的石油危机，运输行业日益衰落。当她决定在"帮人搬家"这一新兴行业中一显身手之后，她既不局限于"搬家公司只管搬家"的老一套做法，也不受制于"什么时候想到了该干什么就干什么"或"现在有条件干什么就干什么"。她力求摆脱以往搬家公司传统的业务范围，将"为用户提供以搬家为中心的综合性服务"作为目标，大胆创新服务。

首先，她想到了要给她的搬家公司取一个便于顾客在电话簿上查找的名字。日本的电话号码簿是按行业分类排列，在同一行业中，各个企业的排名先后，是以企业日语名称的第一个字母按字母顺序排列。日语的第一个字母是"阿"，于是她把自己的公司命名为"阿托搬家中心"。这样，她的公司便在同行业中居于首位。为了便于顾客记忆，她还从电话局的空白号码中选用了一个能让人过目不忘的号码——0123。

员工岗位 创新精神
Yuangong Gangwei Chuangxin Jingshen

按照以往搬家公司的一贯做法，搬家时，在顾客的旧居和新居，两边都要有人照看，特别是空无一物的新居里，必须很早就有人守候在那里，以恭候"搬家专车"的光临。寺田千代为了将"令人劳累头痛的搬家"变为"令人轻松愉快的旅行"，她委托德国的巴尔国际公司专门设计制造了一种新型的搬家专用车。这种车全长12米，高3.8米；前半部分分为上下两层，第一层是驾驶室，第二层是一个可容纳6个人的客厅，里面有舒适的沙发，有供婴儿睡觉的摇篮，还有电视机、录音机、立体组合音响设备、电冰箱、电子游戏机等。汽车的后半部分是装运家具、行李的车厢，载重量为7吨，一般家庭的全部器物都能够一次运完。她还设计了与这种汽车相配套的集装箱和吊车，居住楼房的客户搬家时，只需用吊车将集装箱送到窗前即可作业。由于汽车的车厢很大，全部家具行李都能装入车厢内，既安全可靠，行人又一点也看不见，这充分照顾到了一般客户担心财物被遗失、损坏和不愿被外人看见的心理。寺田千代还为她所定做的这种新型搬家专用车取了一个神秘诱人而又美妙动听的名字——21世纪的梦。

寺田千代考虑到，顾客在搬家时不免会有许多相关的杂事需要处理。比如，新居的室内设计、装修和陈设，室外环境的清扫和消毒，处理和丢弃废旧物品，以及迁移户籍、变更电话、改变报刊投递、更改水电供应、中小学生转学等众多烦琐的大小事项，她的"阿托搬家中心"全都可以代为办理。

寺田千代还想到，日本有一个传统习惯：搬家难免会给左邻右舍带来一些打扰和不便，因而人们在搬家时往往都要给邻居送一点糕点或面条之类的礼物，以表示歉意和谢意。她考虑到搬家的客户常会由于忙乱而疏忽此事，她要求公司工作人员连这样的事也承担下来。

据统计，寺田千代通过围绕"搬家"这一中心事务而朝四面八方的联想，想出和确定下来的有关搬家的服务项目，多达 300 余项。"阿托搬家中心"于 1977 年 6 月作为股份公司正式成立后，由一个地区性的小企业，很快便发展成为在全国拥有几十家分公司的中型企业。

★★★★★

日本著名的女企业家寺田千代经营"阿托搬家中心"的成功实践，为我们提供了一个出色的超前规划的典型案例。通用电器公司董事长曾说："我整天没有做几件事，但有一件做不完的工作，那就是规划未来。"对未来的规划和预见正是超前意识的核心所在。在工作中，创新要有超前意识，用发展的眼光看问题。思维超前了，就可以做到事事超前。大量的事实也表明，古往今来许多成功者既不是那些最勤奋的人，也不是那些知识最渊博的人，而是一些最具有创新意识、懂得如何去正确思考、最善于利用头脑力量的人。超前意识对于企业来说尤为重要，除了领导者要具备超前意识外，想要成为一名优秀员工，也必须培养超前意识。只有做到这一点，才能得到企业的认同和领导的赏识，最终走向个人事业的康庄大道。

3

主动探索，寻找岗位"创新点"

岗位创新精神需要积极主动，有所作为。面对岗位工作，常常会出现两种不同的应对方式。一种是持观望态度，跟随大流，边走边看，走到哪歇到哪，缺乏主动作为；另一种是积极应对，以科学发展的态度预先谋划，周密部署，攻坚克难，在困境中寻找机遇。我们每个员工都要坚决克服随大流思想，以积极应对的良好心态，主动作为，全力以赴抓

员工岗位 创新精神
Yuangong Gangwei Chuangxin Jingshen

好创新工作。

这样应对新情况才会有创新思路，解决新问题才能有创新办法。

★★★★★

在美国有一个鞋子制造厂。为了扩大市场，鞋厂老板派了一名市场经理到非洲一个孤岛上调查市场。那名市场经理抵达后，在孤岛上转了一圈，发现当地的人们都没有穿鞋子的习惯。回到旅馆后，他马上发电报告诉老板说："这里的居民都赤着脚，根本就没有市场潜力。"

老板接到电报后，思索了很久，吩咐另一名市场经理去同样的地方调查市场。当这名市场经理一见到当地人们赤足，没穿任何鞋子的时候，心中兴奋万分。一回到旅馆，他马上打电话告诉老板："这个孤岛的居民都赤脚，市场潜力很大，快寄一百万双鞋子过来。"

在这位市场经理的推动下，一百万双鞋子很快被抢购一空。该鞋厂获得了丰厚的利润，牢牢控制了市场。别的鞋厂闻讯接踵而来，但都为时已晚了。

★★★★★

赢得市场不仅要迎合消费者的需求，更要主动创造、引领消费者想不到的需求，唯有这样才能在激烈的市场竞争中立于不败之地。因此，企业怎么发展，不但要主动适应市场的变化，还要求诸于自身的改变，技术也好，管理也罢，最终落脚在产品给消费者带去新意，带去生活上的改善。因此，岗位工作中要有一种率先主动的创新意识，开拓性地思考和改进达到成功的工作方式方法。

许多公司都希望自己的员工能够有独立思考能力，不会像机器一样，别人吩咐做什么他就做什么。这样，他们往往会发挥创意，出色地完成任务，而且还会换位思考为老板考虑，给企业提尽可能多的建议，他们因此总会得到提升和赏识。

★★★★★

小娟是一家青年报社的科学版的编辑，她本职工作兢兢业业，都能很好地完成。然而，报社里人才济济，她发现即使再努力地工作，也难以取得更为突出的成绩而被领导赏识，于是很是苦恼。一天，在处理读者来信时，她发现有不少青年读者，当在工作和生活中遇到了问题时，却没有地方表达和交流。于是她建议报社开办一个专门针对青年人的心理热线栏目。

这个点子比较新鲜，但是在报社里反应平平。多数人认为自己的工作主要是写作和发表新闻稿件，干这样的事有点浪费时间，但领导还是同意了她的想法。热线很快开通了，由于当时学校教育很少关注青少年的心理，家长与孩子之间由于年龄与受教育程度不同广泛存在代沟，这个热线一开通就在社会上引起极大的反响，热线电话几乎要被打爆了。众多青少年的心声，通过一条普通的电话线汇集到了一起，也为小娟提供了很多十分新颖、十分发人深省的素材。

后来，报社顺应读者要求在报纸上开辟了一个新的版面，名叫《青春热线》，每周以四个整版的篇幅反映这些读者的心声。《青春热线》逐渐成了该报社最受欢迎的栏目，小娟也获得了新闻界的许多奖项。

★★★★★

岗位创新精神需要主动，只有积极主动的员工，才能获得真正的成功。小娟在才华和智慧上与众人无异，但她能够取得这样的成功，是因为她懂得在缺乏热点的僵化体制中，积极创新，寻找出路，找到一个没有人涉足的领域。所以，一个人要想让自己的事业更上一层楼，在工作的过程中，应该发挥自己的主观能动性，努力去做。一旦树立了这样的观念，以前认为枯燥的工作就会开始变得有意思起来，从中学到的东西也就越多。

员工岗位 创新精神
Yuangong Gangwei Chuangxin Jingshen

4

充分准备，抢抓一切创新机遇

人们经常谈论"机遇"二字，有些人抱怨"机遇"与自己无缘。其实机遇很多，机遇存在于每一份工作中，和工作中每一项任务紧密相连。但机遇不会自己找上门来，而是要去寻找去准备。机遇只垂青于有准备的人，当机遇出现在你的前面，不要犹豫，勇敢地伸出你的双手抓住它。

★★★★★

在英国有一个 16 岁的男孩，暑假的时候，他对父亲说他想找一份工作。然而当时很多成年人都找不到工作，一个 16 岁的孩子能行吗？他的父亲对他的想法并不抱太大的希望。

但男孩却笑着说："有些人总是可以找到工作的。"

"哪些人？"父亲带着怀疑问。

"那些会动脑筋的人。"男孩回答。

男孩在广告栏上仔细寻找，找到了一个很适合他专长的工作。他按照广告上的要求，准备第二天去面试。广告上说面试 8 点开始，男孩想早点去，好排在靠前点的位置。结果，到面试地点后，发现已有 20 个人排在那里，他只是队伍中的第二十一名。

怎样才能引起注意而竞争成功呢？男孩就开始动脑筋了。他想出了一个办法：拿出一张纸，在上面写了一些东西，然后

第五章
主动创新，积极进取在岗位中找到创新密码

折得整整齐齐，走向秘书小姐，恭敬地对她说："小姐，请您马上把这张纸条转交给你的老板，这非常重要。"

秘书本想拒绝，但她被男孩的自信和诚恳打动了，于是她收下纸条，起身走进老板的办公室，把纸条放在老板的桌上。老板疑惑地打开纸条看后却大笑起来，因为纸条上写着："先生，我排在队伍中第二十一位，在你没有看到我之前，请不要作决定。"

这个男孩是否得到了工作呢？答案当然是肯定的。因为他做事会动脑筋。

★★★★★

一个会动脑筋思考的人总能抓住问题的关键，然后顺利解决它。这其实就是一种创新。我们要养成遇事多动脑的习惯，开动脑筋进行创新，有了创新便有了优势，有了优势，机遇自然就属于自己了。

机遇对于每一个人来说都至关重要。它有的时候可以改变一个人的命运。机遇决定你的人生走向。错过了一次机遇，也许你会后悔一辈子！俗话说："机不可失时不再来！"就是在提醒人们一定要好好把握机遇！由此看来，当机遇到来的时候，你绝对不能犹豫不决、推三阻四、瞻前顾后、没有主见。你必须清醒果断明确不失时机地作出决定及时抓住已经到来的机遇才对！

★★★★★

美国有个年轻人去西部淘金，到了那儿才发现淘金的人比金子还多，他好不容易圈定了"地盘"想要大干一场，结果几个凶神恶煞的大汉走了过来，声称这些是他们的领地，在那种情形下，换个地方淘金可能还是如此。但这个年轻人没有沮丧，也没再找地方淘金，他悉心地观察周围的环境，发现淘金的人非常多，但是淘金的地点一般都非常干旱，缺少水源，忙着淘金而忍受干渴的人更多，人们对水的需求很大。这个年轻人觉得，虽然淘金的希望十分渺茫，但找水的希望还是很大的，挖金子倒不如卖水。于是他放弃了淘金的念头，开始去寻

员工岗位 创新精神
Yuangong Gangwei Chuangxin Jingshen

找水源，找到后把水拉到淘金地点，卖给那些淘金的人。这在当时，比起那些挖金子一夜暴富的人，这个年轻人在淘金地点却不挖金子，很多人都嘲笑他，但他一如既往。结果几个月后，大多数的淘金者是空手而归；而这个年轻人在很短的时间内靠卖水竟挣了6000美元，这在当时是相当可观的一笔财富。

★★★★★

世界上之所以有那么多人一直庸庸碌碌，不是因为他们没能力，也不是因为他们不努力，而是因为他们没有动脑筋，每天都在千篇一律地运作，维持着固定的思维模式，遵循着机械化的程序，创造性的思维得不到锻炼渐渐就萎缩死去了。也正是这种僵化思维让他们无法脱颖而出。其实在很多时候，只要你稍微改变一下自己，学会创新，就会解决许多问题。因此，我们不要默默等待机遇的到来，而要以"创造者"的身份去寻找机遇，抓住机遇，把握机遇。

★★★★★

"康师傅"这个中国台湾品牌，在大陆几乎是家喻户晓。康师傅创始人魏应行在大陆乘坐火车的时候，经常食用从台湾带来的方便面。后来渐渐发现，一同搭车的人们对他的方便面常常十分好奇，经常有人围观甚至询问何处能买到。凭借其敏锐的商业头脑，他捕捉到了这个市场的巨大需求，决定主攻方便面市场。

当时为了了解大陆的口味，便通过试吃的方式来改进佐料配方。同时在定价方面，发现当时的大陆市场上只能买到两种方便面：一种是进口的"高价面"，在机场饭店等地有售，却因价格偏高而难于推广；另外一种是价格极其低廉的袋装面，价格虽然低廉，但口味非常的差。魏应行考虑到消费者的消费能力，最后把售价定在1.98元。

1991年适逢天津科技开发区招标，魏应行便在区内注册了顶益食品公司，把所有家当都押了进去，准备投产味道很浓的"康师傅"红烧牛肉面，这是经过详细的市场调查后确定的最适合大陆人的口味。与此同时，"康师傅"的广告宣传已全面铺开。广告采用一个相对比较易记忆的动画人物，在称呼上，为适合北方人的思维方式，决定用"师傅"这个词以显得较为专业，而姓氏则取用"健康"的"康"字，以塑造"讲究健康美味的健康食品专家"形象。当时台湾对大陆观众还很有吸引力，为迎合观众心理，这位"康师傅"当然是来自台湾！这配合红烧牛肉面口味浓、份量足的特点，广告词则设计为"香喷喷，好吃看得见"。

1991年的电视广告费用相当便宜，在中央电视台的黄金时段插播一条广告只需500元，几乎等于不花钱做广告！康师傅决定展开"康师傅"的大规模广告攻势，选在中央电视台台湾电视剧前的黄金时段播出。当画面非常漂亮的"康师傅"广告一经推出，立刻打响，各地开始纷纷注目"康师傅"，掀起一股抢购狂潮。老百姓的热情即刻传染给批发商，甚至一度出现了门前排长队，批发商提着一麻袋一麻袋钱要订货的场面。"康师傅"开始畅销全国。

★★★★★

机不可失，时不再来。有很多人明白这个道理，但现实中大多数人却是等到机会从身边溜走之后，才恍然大悟，如梦初醒。机会对任何人都是公平的，关键要看我们是不是一个有心人。人生成功的秘诀是当机会来临时，立刻抓住它。所以，作为一名员工要有承担责任的胆量，既然工作给了你这个机会，就要抓住，不要推脱。否则，机会是不会主动找到你头上的，成功也一定不属于你。

员工岗位 创新精神
Yuangong Gangwei Chuangxin Jingshen

5

立即行动，将创新想法变为现实

岗位创新精神和行动能力是分不开的，任何想法和创意都需要在行动之后才有变成现实的可能。否则想法就永远只能是想法，根本谈不上创新。要想使你宏伟的计划不是永远停留在纸上的空谈，你就要用行动把它变为现实。

★★★★★

柏克是一位移民到美国，以写作为生的作家，他在美国创立了一家以写作短篇传记为生的公司，并雇有6人。有一天晚上，他在歌剧院发现节目表印制得非常差，而且太大，使用起来非常不方便，而且一点吸引力也没有。当时他就想到印刷使用方便、美观，而且文字更吸引人的节目表的念头。于是，第二天他便动手准备了一份自行设计的节目表样张，给剧院经理过目，说他不但愿意提供品质较佳的节目表，同时还愿意免费提供，以便取得独家印制权。剧院经理同意使用他的新节目表，他们很快和所有城内的歌剧院都签了约。

由于节目表中的广告收入，足以弥补印刷成本，并且还能使他获利。这门生意日后欣欣向荣，最后他扩大了营业项目，并且创办了好几份杂志，成了一个有名的富翁。

★★★★★

你要时时记住，要成功，只有行动起来。只有空洞的想法和意愿，却不行动，不付出努力去实现它，那么你的想法再好，也最终只会是一只"不会下蛋的公鸡"。所以，请别只是说而不行动，要用行动把你的想法实现。

天下最可悲的一句话就是，我当时真应该那么做却没有那么做。每天都能听见有人说："如果我当时就开始做那笔生意，早就发财了！"或者"我早就料到了，我好后悔当时没有做！"真可惜天下没有卖后悔药的。一个好的创意如果真的胎死腹中，真的会叫人叹息不已，永远不能忘怀。如果真的彻底实施，当然会带给你无限的满足。人生伟业的建立，事业的发展，不仅在于能知，而且在于能动。如果没有行动，即使再简单的事情也做不成。

★★★★★

美国家用电器大王休斯原来是一家报社的记者，由于和主编积怨太深，他一气之下辞职不干了。有一天，休斯应邀到新婚不久的朋友索斯特家吃饭。吃菜时，他尝到菜里有一股很浓的煤油味，简直没法下咽。但碍于情面，他又不好说什么。索斯特不可能吃不出那怪味道，但他也无可奈何，他新婚的妻子是用煤油炉做饭的，那时候大家都用那种炉子，很容易把煤油溅到锅里。他当着朋友的面也不好说妻子什么，只好对着煤油炉抱怨："这该死的炉子真讨厌，三天两头出毛病，你急用时它偏要熄灭，每次修都弄一手油……"

最后索斯特又若有所思地说："要是能有一种简便、卫生、实用的炉子就好了。"

说者无意，听者有心。索斯特的话对休斯的触动很大。"对呀，为何不创新一种全新的炉具投放市场呢？"有了这一想法后，他开始全身心地投入研制新家用电器上。经过不懈地努力，他终于在1904年成功地研制出一系列新型的电锅、电水壶等家用电器，成了闻名于世的实业家。

★★★★★

休斯的成功在于他善于行动。世界上聪明的人有很多，可为什么只

员工岗位 创新精神
Yuangong Gangwei Chuangxin Jingshen

有少数人成功了？原因很简单，因为大部分人都停留在想的阶段，他们做事之前总是瞻前顾后犹豫不决，迟迟不将想法付诸实践。有的人付出行动后却不坚持，总是怕行动没有结果，对待问题也总投机取巧敷衍了事。这两种人即使很聪明也不会做出成绩来。因为梦想再伟大，如果不去行动，也只能是空想。想要取得成功，就必须立即行动起来！

每一个新生事物的发明都会成就一大批富翁，而每一个富翁的锻造，都是当别人不明白时他明白了，当别人明白时他已经行动了，当别人行动时他已经成功了，当别人成功时他已经非常富有了。美国著名成功学大师杰弗逊说："一次行动足以显示一个人的弱点和优点是什么，能够及时提醒此人找到人生的突破口。"毫无疑问，那些成功者都是勤于行动的大师。这样的例子，我们可以举出无数。

★★★★★

朱迪亚是美国夏威夷一家制衣公司的员工，她所在的公司一直在生产着传统的夏威夷人喜欢穿的罩袍。这些罩袍只有一种尺码，花色呆板，并缺少变化，而且由于是成批生产，制作得极为粗糙，看上去千篇一律，一点也不适合人们在各种场合穿戴。朱迪亚决定对罩袍进行改进创新，并且立即把这个想法付诸行动。

她想先为自己缝制一件罩袍，并穿在身上，这样将来在公司对罩袍进行改进时就更有说服力了。于是，她买来了能体现个性特色的印花布，通过精心地裁剪，使罩袍不仅保持了原来舒适的特点，又能够适合自己身材尺寸。此外，她还为罩袍精心设计了漂亮的花边。这种特殊的设计，马上引起了房东太太的兴趣，要求朱迪亚为自己照样缝制一件。穿上朱迪亚为她量身定制的传统罩袍，房东太太惊喜异常，她怎么也没有想到，这种司空见惯的传统服装，居然也可以做得如此适合于自己的身材。当朱迪亚把她想改进公司生产传统罩袍的想法告诉同事们时，几乎人人都惊讶地连连摇头："难道你不知道在夏威夷各大旅馆、服装店和旅游中心陈列着成千上万件罩袍？它们都

第五章　主动创新，积极进取在岗位中找到创新密码

是传统式样，没有人敢去改进它啊！"

然而，朱迪亚却不这么想，她决心要试一试。因为，她坚持这样一个准则：只要想做，就立即执行。朱迪亚把自己的想法告诉了公司老板，并立即得到了老板的支持。她便亲自去负责选购布料和为上门的顾客测量尺寸大小，然后将布料交给其他同事去裁剪和缝制。就这样，在这家生产传统罩袍的公司里，开始生产出了一件件漂亮又适合人们身材的新式罩袍，公司的生意开始红火起来。在朱迪亚的努力下，后来公司还把这种独特的服装推销到美国本土的其他许多城市。

★★★★★

世上任何事情没有比下决心行动起来更为重要的了。在职场中奋斗的人都明白"千里之行，始于足下"，都知道坚持不懈、永恒进取的魅力，可是真正能做到并落实到行动上的人却很少。行动不一定成功，但是不行动一定不会成功。在创新工作中，你只有立即行动，一件一件地完成眼前的任务，才有可能比其他人更快地接近目标，攀上人生的顶峰。

6

把主动创新化为一种习惯

培根说："人们的思想大半取决于他们的倾向，但是他们的行动却遵循平日的习惯。"所谓"习惯"，意为积久养成的生活方式，也指逐渐养成而不易改变的行为。岗位创新精神也需要我们把主动创新化为一种习惯。

员工岗位 创新精神

据说美国人见孩子放学回家就问:"上学向老师提了几个新问题?""今天有什么新想法?"他们注重从小培养孩子养成善于思考和创新的习惯。他们深知社会潮流滚滚向前,在社会飞速发展、新生事物层出不穷的时代,不创新就是落后;不善于创新的人,就不会有成功的事业和人生。

★★★★★

1996年诺基亚几乎垄断了移动通信产品市场。2007年诺基亚占全球智能手机市场份额的53%,而苹果仅为6.5%。进入2012年,诺基亚市场份额已下滑至19.9%,苹果的销量已是它的数倍。如今,苹果已经成为智能手机的领导者,诺基亚却市场崩盘。

苹果之所以能够打败诺基亚,是因为始终坚持了与时俱进、创新求变的好习惯,苹果的每一款新产品,消费者可能做梦都没有想到过。在苹果公司有这样一个"习惯",就是"每当有重要产品即将宣告完成时,苹果都会退回最本源的思考,并要求将产品推倒重来"。正是这种自我否定、自我更新的创新习惯成就了今天的苹果。

★★★★★

据统计,世界500强企业的平均寿命是40~50年,美国每年新生50万家企业,10年后仅剩4%,日本存活10年的企业比例也不超过18.3%,而中国大企业的平均寿命是8年左右,中小民营企业的平均寿命还不到3年。这是个很严酷的现实,没有哪个办企业的人愿意看到自己的企业只是昙花一现。但如果想让企业生存下去,就一定要把握住创新。

创新是一个持续动态的过程,我们绝不能因为过去取得一点成绩就沾沾自喜、骄傲自满,更不能陶醉于现有的成果而不思进取、停滞不前,而应更多地看到问题、看到差距、看到不足,永远保持一颗进取的心。

第五章

主动创新，积极进取在岗位中找到创新密码

★★★★★

20世纪30年代初，在美国马洛利公司任职的卡尔森，是加利福尼亚大学物理系的毕业生。因他常见到公司的同事在复印文件的过程中，时间占用过多，劳动强度很大，本该轻松完成的工作，成了令人头痛的麻烦事，便想改进一下复印方法。他做了很多的实验，但却没有成功。后来，他改变了做法，暂时中止了实验，而用大部分的业余时间钻进纽约的图书馆，专门查阅有关复印方面的发明专利文献资料。经过一段时间的仔细查找，他意外地发现，以往进行的复印，都是利用化学效应来完成的，还没有人涉足到光电领域。利用光电效应比利用化学效应，从理论上讲，效率要高得多。显然，这是复印研究开发中的一大缺陷。他瞄准这一缺陷重新开始进行大量的实验，将光的导电性和静电原理相结合，终于取得了成功。卡尔森也因此成为大富翁。

★★★★★

创新不仅仅是为企业创造效益的工具，更是实现个人发展的良方。员工要生存，企业要发展，就要求员工具有较强的创新意识与创新能力。只有员工善于创新、勇于创新，才能在工作中与企业不断地实现双赢，才能有一流的结果。

创新是每一位员工的责任。工作遇到新问题，都用老办法，一定是死路一条。只有时时刻刻想着创新、处处彰显创新、事事体现创新，才能把创新真正内化为工作中的自觉性思维、习惯性动作。

养成创新习惯，关键是使创新成为一种自觉追求，员工要注意以下几点：

第一，乐于自我加压。自觉性是习惯的引擎，要自觉而又愉快地把面临知识经济的压力，化为刻意进取的动力。

第二，要大胆跳出一般化思维的圈子，努力在日常知识和经验中爆发新的想象，遇到问题注意从侧向、逆向、多向求解。

第三，参与风险竞争，要勇敢地打破常规和现状，积极参与各种

员工岗位 创新精神

风险性竞争活动,胜不骄,败不馁,在苦中有甜的磨砺中养成创新习惯。

　　总之,在现代企业中,敢于突破创新的人才是老板需要的人。要想在职场上站稳脚跟,获得更高的薪水,员工须勇于打破常规,提升创新意识,养成创新习惯。

第六章
大胆创意，突破常规让"好点子"为岗位创新添彩

在现实工作和生活中，许多人常常灵机一动，就会产生许多点子。点子是经过思维碰撞、智慧对接产生的解决问题的主意。创新好点子就是好创意。岗位创新精神需要员工想点子，出创意。一个好创意不需要天才，只在于我们不模仿别人，不墨守成规，敢于突破自我。

员工岗位 创新精神
Yuangong Gangwei Chuangxin Jingshen

1. 标新立异，好创意就得与众不同

创意就是具有新颖性和创造性的想法，一种独特的创新方式。在日常生活中，创意无处不在。创意是思维碰撞、智慧对接的结果，是灵感的闪现，更是智慧的火花。好的创意永远让人惊叹不已，让人大呼叫好。

★★★★★

有一位老师为了考考学生的快速应变思维能力，提了这样一个问题：

"空中两只鸟儿一前一后地飞着，你怎样一下子把他们都抓住？"

学生们你一言我一语地说：用大网、用气枪、用麻袋……说什么的都有，方法很多，但大家感到这些方法难以实现。

老师的答案大大出乎学生的意料："照相机！"

用拍照的方法太妙了！瞬间就能留下永恒。

★★★★★

好的创意就是这样与众不同，这样标新立异。在工作中，在岗位上也是一样。真正好的创意不是拾人牙慧，不是模仿跟风，而是与众不同，夺人眼球。

★★★★★

亨利开了一家水果店，但是因为同行竞争太激烈，水果又

第六章
大胆创意，突破常规让"好点子"为岗位创新添彩

有保鲜期，不及时卖出就很容易烂掉，亨利一直入不敷出。眼看着就要关门倒闭了，他绞尽脑汁希望能有一个办法改变现状。

一天夜里，亨利梦见自己进了一个苹果园，苹果树上挂了许多新鲜诱人的苹果，香气宜人，他把每个苹果都看得很仔细。醒来之后，亨利高兴得手舞足蹈，因为他想到了一个很好的创意来解决生意惨淡的问题。

第二天，亨利在自己的水果店门口贴了一张很大的广告："新鲜诱人的水果，现摘现卖，让你看得清楚，买得放心。"顾客看到这张与众不同的广告之后，感到非常好奇，水果店怎么现摘现卖呢？而后面的"看得清楚，买得放心"更吸引了顾客，因为卖水果总是堆放着的，让顾客们很难挑选。短短的时间之内，亨利的店里就挤满了顾客，他们脸上都洋溢着笑容，因为亨利真的做到了广告上所说的，他在自己的店里放上许多假的果树，把水果都挂到了树上，红红的苹果、金黄的香蕉、绿色的葡萄……散发着宜人的香味，让人垂涎欲滴，顾客可以把每一个水果都看得很清楚，并且亲手将水果从"果树"上摘下来。

亨利的方法招来了许多的顾客，而且生意越做越大，他又到塑料厂订做了更多各式各样的果树，在同行内很快就遥遥领先。有些顾客还将果树和水果一起买走，放在家里，现吃现摘。

亨利的创新不仅使他的水果店起死回生，还给他带来了丰厚的利润。

★★★★★

好创意是一种对现有技术、产品、营销、管理、体制、机制等方面主张的创新突破。因此，一个标新立异的好创意要特意显出自己的与众不同或者用往常不同的表达方式来吸引人。事情往往就是这样，如果你拥有与众不同的创新，就会有与众不同的收获。在我们的实际生活中，

员工岗位 创新精神
Yuangong Gangwei Chuangxin Jingshen

大多数时间都是按固定模式思考。但没有人规定一件事非得这样做或是非得那样做，每一个人都应该将"与众不同"作为自己追求的目标，这样的创意才有意义，才能达到最好的效果。

★★★★★

一家新成立的减肥中心，自从开张以来几乎是门可罗雀。主要原因是这个市场的竞争实在是太激烈了，而且在资金不足的情况之下，又不能像大型减肥美容公司那样大做电视报纸广告，因此知名度不够，上门的客人自然也就少了。这可把减肥中心的老板急坏了，每天花费一大笔资金，钱却没赚多少，眼瞅着口袋里的钱就被这冷清清的生意给吞掉了，这可怎么办啊？这天，她站在门口，盯着来来往往的路人，痛苦地想着难道自己辛辛苦苦张罗起来的减肥中心就要关门大吉了吗？忽然，一个念头跳进了她的大脑，她眼睛一亮，就开始忙碌起来。

隔了两个星期，这座城市的多家报纸都刊登了一则广告："美美减肥，胖人进去，瘦人出来！速度快，效果明显！本店郑重承诺，在美美减肥店你看不到一个胖人出来，欢迎每天都来印证，如果有胖人从大门走出来，本减肥中心赠奖金5万元。"

当然，这个广告不仅被刊登在报纸上，还被印在传单上四处发。这个广告吸引了很多人，好奇的，真心想减肥的，"美美"一下子门庭若市。果然，每日由大门走出来的都是瘦人，见不到一个胖人。

有些想找茬的人特意找了几个胖人，想："哼！让这些人进去，再马上走出来，看你怎么说！"但还是没有一个胖人出来，这是怎么回事呢，人们暗暗纳闷。

其实非常简单，玄机就在出口那里，聪明的女老板把大门改装成两个不同的出入口。在外面看，两个出入口大小形状都一样，但是在出口的内层，加装了两道粗钢管，如果你想要出去，就必须侧身从两道钢管中间穿过去，才能到达出口的大门。在两道钢管的中间只能容纳一个侧过身的瘦人穿过去，胖人如果不想成为"卡门"就要乖乖地从减肥中心后面的小门走出去。

★★★★★

美美减肥中心的生意火了，女老板美美地赚了一大笔，说到成功的原因：一个是好奇的群众来助长了声势；二是人们在门口看不到胖人，就好奇地进到店里面，当他想出来时，能出来的瘦人自然是开心地出来了，那些不能出来的胖人再一次加深认识：我该减肥了，在这种情况下，宣传人员绘声绘色地解说显得就更有效果了。当然，最重要的还是女老板别出心裁的点子，据说这个新奇的创意引来了多家媒体报道，也给这个减肥中心做了免费的广告。

创意是传统的叛逆，是打破常规的哲学。岗位创新精神需要员工大力发展好创意。在竞争激烈、瞬息万变的经济活动中，重复自己，模仿别人，墨守成规，就没有持久的生命鲜活力，许多新的致富机会便会悄悄从身边溜走。因此，只有培养岗位创新精神，提高创新素质，增强创新能力，才会使你不断地突破自我不断地成功。

2

独出心裁，不按常理出牌

因循守旧、按部就班，难以创新。要创新就要大胆想象，打破常规，突破束缚，就是懂得寻找独出心裁的方法，不按常理出牌，和大部分人做的不一样，这样的创新无疑具有更大的价值。

员工岗位 创新精神

★★★★★

年仅15岁的格林伍德第一次学溜冰，溜起冰来，速度很快，很刺激。但是，他觉得耳朵被寒风刮得像刀割似的，冻得十分难受。他跑回家去找了顶"两片瓦"式的皮帽戴上，继续溜冰，耳朵不再被风刮得痛了。但是，由于头和脸捂得紧紧的，不一会儿，就热得满头是汗。格林伍德想，如果能做一个专门捂住两边耳朵的套子，溜冰时戴上它，也许要好得多。

经过一番琢磨，他设计出一副耳套，回家请妈妈照他设计的样子做出了一副棉织耳罩。格林伍德带上它去溜冰，果然既护耳朵，又散热。朋友见了，也向格林伍德要，格林伍德和母亲及祖母一起来做。经过反复修改，耳罩做得更实用，也更好看。他向专利局申请了取名叫"绿林好汉式耳套"的专利。这项专利使格林伍德成为百万富翁，并成为世界上的"耳套大王"。

★★★★★

有些创意说白了相当简单，比如方便内裤、可口可乐腰式瓶、水龙头自动关水器等。它看起来非常容易，轻而易举，却独出心裁，恰恰是别人所没有想到的。

对很多人而言，用创新缔造成果已成为个人职业生涯中一项最重要的技能。任何问题都有解决的办法，当我们认为一个问题不可能解决时，真正的问题是我们自己本身，由于我们的经验和习惯性思维，才让我们无法想出高明的解决之道。身在职场，无论是谁，若没有了创新意识，将很难有大的发展。

同样，做市场也是讲求手段与策略的。如果一味跟随别人的步伐，而没有丝毫的创新，市场只能越做越小，越做越死。有时，一点小小的独特创意，一个小小的变化，便可以改变产品的市场格局，赢得良好的业绩。

★★★★★

说起北极，我们会想起的，就是一望无际的雪原，一座连

第六章
大胆创意，突破常规让"好点子"为岗位创新添彩

一座的冰房子，还有在冰床上漫步的寂寞的北极熊，和习惯了冰雪世界的爱斯基摩人。在这样一个天寒地冻的冰雪世界，如果让你去推销冰箱，你觉得可能吗？

大部分人可能都会认为不可能——因为他们怎么可能会需要冰箱？但是有一个中国小伙子高宏却真的把冰箱销到了北极，卖给了爱斯基摩人。

爱斯基摩人储存食物的办法非常简单，就是把打猎来的动物随手扔在地上，顷刻间就全部结冰。做饭时，他们要点燃动物的皮毛开冻。每天重复这个过程不仅繁琐而且浪费资源。高宏就是发现了这里面的商机而想到的推销冰箱的点子。

2006年12月12日，高宏在温哥华选购了两台冰箱，准备把冰箱送给爱斯基摩人，先做一次免费推销。车行驶了3天后，终于到达了北极。高宏才找到了一户爱斯基摩人，把冰箱作为礼物送给了他们。爱斯基摩男士很高兴地收下了。在第二天早上，爱斯基摩人发现放在冰箱里的肉和菜并未在零下20摄氏度的屋内结冰冻结，而是拿出来就可以直接做饭吃的时候，惊奇极了，也高兴极了。高宏就这样顺利地把冰箱卖给了爱斯基摩人。

★★★★★

要是按常理出牌的话，冰箱怎么可能卖到冰天雪地的北极？创新就是要这样独出心裁、别开生面，才更显出创意的价值和意义。

有时候，并不是我们没有创造力，而是我们被已有的知识限制，思维变得凝滞和僵化，脑子中只有常理，或是不敢打破常规而导致的。而那些思维活跃、善于思考的人往往能做到别人认为不可能做到的事情。

★★★★★

1976年12月的一个寒冷早晨，三菱电机公司的工程师吉野先生两岁的女儿将报纸上的广告单卷成了一个纸卷，像吹喇

员工岗位 创新精神

叭似的吹起来。然后她说:"爸爸,我觉得有点暖呼呼的啊。"孩子的感觉是喘气时的热能透过纸而被传导到手上。正苦于思索如何解决通风电扇节能问题的吉野先生突然受到了启发:将纸的两面通进空气,使其达到热交换。他以此为原型,用纸制作了模型,用吹风机在一侧面吹冷风,在另一侧面吹进暖风,通过一张纸就能使冷风变成暖风,而暖风却变成了冷风。此热交换装置仅仅是将糊窗子用的窗户纸折叠成像折皱保护罩那样一种形状的东西,然后将它安装在通风电扇上。室内的空气通过折皱保护罩的内部而向外排出;室外的空气则通过折皱保护罩的外侧而进入保护罩内。通过中间夹着的一张纸,使内、外两方面的空气相互接触,使其产生热传导的作用。如果室内是被冷气设备冷却了的空气,从室外进来的空气就能加以冷却,比如室内温度26℃,室外温度32℃,待室外空气降到27.5℃之后,再使其进入室内。如果室内是暖气,就将室外空气加热后再进入室内,比如室外0℃,室内20℃,则室外寒风加热到15℃以后再入室。这样,就可节约冷、热气设备的能源。

三菱电机公司把这一装置称做"无损耗"的商品,并在市场出售。使用此装置,每当换气之际,其损失的能源可回收2/3。三菱公司也因此创造出了可观的效益。

★★★★★

一个小小创新就可以使企业在激烈的竞争中胜出,总是因循守旧地坚持传统的模式,是很难脱颖而出的。因此,宣传的创新不能忽视。在美国的企业中流行这样一句话:"上帝不会奖励努力工作的人,只会奖励找对方法工作的人。"就像世界上出了锁以后必然有与之相应的钥匙一样,问题与方法也是共存的。找到方法,创新方法,在今天这样处处竞争的时代,已经变得至关重要了。

第六章
大胆创意，突破常规让"好点子"为岗位创新添彩

3

另辟蹊径，从别人想不到的地方入手

在创新工作中，一个新创意要想别人想不到的，追求与众不同的效果。只有做别人做不了的，才能财源滚滚来！对此，美国管理学家托马斯·彼得斯就曾指出，企业经营者要在竞争中取胜，"不要老想着分享市场，而要考虑创造市场。不是取得一份较大的馅饼，最好是烘烤出一块新的馅饼"。这个经典的论断旨在提醒企业要善于突破，做一些别人想不到的生意，才能开辟新的市场，比别人获得更多的财富。

★★★★★

在美国，40%的妇女因太胖而有个"特大号"的臀部，她们为此而忧心忡忡，从来不敢穿裤袜，认为裤袜虽然能使身材苗条的妇女更健美，也会使身材肥胖的妇女显得更臃肿。

美国的许多厂家，都认为胖女人不会穿裤袜，因此长期没有人开发。然而雪菲德公司通过市场调查分析，得出了一种与众不同的意见：正是由于这些肥胖女人目前不穿裤袜，所以市场潜力很大。他们认为放弃这个40%的市场实在可惜，于是决定抓住这个不为他人所重视的领域，开辟新的销售市场。

于是，公司集中最优秀的设计人员，专门为胖女人设计出一种名为"大妈妈"型的裤袜。接着，该公司为"大妈妈"型裤袜大做广告。广告中，三位胖墩墩的妇女穿上裤袜排成一

员工岗位 创新精神

线，标题上写着"大妈妈，你真漂亮"几个大字。从侧面看，这三位妇女不但没有了肥胖的感觉，而且让人觉得很快乐而且充满自信。

广告发布后的一个月，雪菲德公司收到了7000封表扬信，也掀起了胖女人争相购买裤袜的热潮。雪菲德公司就是在市场调研结果中捕捉到了极具潜在效益的机遇，从市场的空白领域入手，最终奠定了该公司在裤袜市场的新地位。

★★★★★

做别人想不到的事，才能在竞争中脱颖而出。但事实上，有不少企业不是在"别人想不到"的地方动脑筋，而是在众人都能想到、大家都在做的市场上"跟风"，"别人出什么产品，我也出什么产品"，于是就出现了"趋同竞争"，进而导致"众败俱伤"的恶果。

事实表明，一个企业只有做到"别人想不到，我却做得到"，源源不断地推出与众不同的技术和产品，才能使潜在的市场上拓展竞争空间，为企业的持续发展打下坚实的基础。可以说，这是在激烈的市场竞争中取胜的一条捷径。

★★★★★

在英国伦敦，有一家小珠宝店，因为经营不善，濒临倒闭。一个年轻人把这家珠宝店买了下来，并且发誓要获得让同行们刮目相看的经营业绩。同行们都讥讽他是"癞蛤蟆想吃天鹅肉"，年轻人苦思冥想着让珠宝店火起来的方法。

终于有一天，他的珠宝店来了一个大客户。那天晚上，店老板衣冠一新，神采奕奕地站在店门前，仿佛在恭候什么人，这引起了许多行人驻足观望。不一会儿，一辆豪华轿车缓缓地驶到了门口。车一停下来，店老板便立即走上前去彬彬有礼地打开了门。车上下来一位举止高贵的女子，她微微含笑，向行人点头致意。有人喊了一声："戴安娜王妃！"众人大喜，一些记者蜂拥而上，警察怕影响"王妃"活动，赶来维持秩序。店老板此时更是从容不迫，先是感谢"王妃"的光临，随后

第六章

大胆创意，突破常规让"好点子"为岗位创新添彩

笑容可掬地带她参观。店员们按老板的吩咐，相继介绍项链、耳环、钻石等名贵饰品，"王妃"悉心挑选。

第二天，电视台播出了这段录像，录像没有任何声音，人们只看到"王妃"挑选珠宝时的喜悦和高贵、热烈的场面和珠宝店的客人们。这段录像掀起了一阵狂潮，人们争相到戴安娜王妃去过的这家珠宝店购买珠宝，那家本来濒临倒闭的珠宝店立刻生意火爆，一周卖的珠宝比过去几年卖的都多。

这则消息传到白金汉宫，惊动了皇室家族，皇家发言人立即郑重地发表声明："经查日程安排，王妃没有去过那家珠宝店。"皇室向法院提交诉状，告那位年轻老板欺诈。这位已经赚得口袋满满的老板振振有词地说："无论是在当时还是电视节目上，我都没说那位小姐是戴安娜王妃，我怎么欺诈了？至于观众爱把她想象成戴安娜王妃，我有什么办法？"

这到底是怎么回事呢？原来，1985 年，戴安娜和查尔斯王子将要举行婚礼，这个举止高贵又心地善良的"灰姑娘"立刻成了全民偶像。这位走投无路的老板想到了一个妙计，那就是利用公众对戴安娜王妃以及对王子王妃婚礼的关注，导演了一出广告话剧。他找来一个长得像戴安娜王妃的年轻女子，对她从服饰、发型、神态、气质都作了煞费苦心的模仿训练。然后，再通知记者，某天晚上会有一个"大人物"拜访。珠宝店老板这招也算离经叛道了，谁会想到能用皇室家族来做广告呢？培训一个"假王妃"来制造真王妃的效果，令人叫绝。虽然可能有些"过火"，但是效果斐然。此举大大提高了他的珠宝店的知名度和美誉度，吸引来众多的顾客，实现了预期的宣传效果，提高了销售额。

★★★★★

善于发现，勇于突破，以独到的眼光去寻找一些别人想不到的事去做。就可以化逆境为顺境，化问题为机遇，从而寻找到成功的钥匙。因此，在岗位创新中，不要在脑袋中画地为牢，让困难锁住你的思考，而是要试着换一个角度、换一种思维去思考，这样往往可以开创一片崭新的天地，是出奇制胜的一个高招。

4

不破不立，先颠覆再重构

不破不立是自然界的进化潮流，也是人类历史的发展规律。大爆炸宇宙学告诉我们，没有最初的"大破坏"，就不会诞生今天这浩渺的宇宙和闪闪星空。进化论也告诉我们，没有对旧的物质形态的不断否定，不断突破，就不会产生争议，更不会有人类这万物精灵。人类的历史就是不断地打破锁链，去追求自由，冲破黑暗，去寻找光明。因此，在岗位创新精神中，有破才能立，只有打破常规，颠覆传统思维的藩篱，才能开启新的局面。

★★★★★

当哥伦布航海行程结束以后，一个让人们惊叹的消息也随之诞生：哥伦布发现了一个新大陆。很多人都对哥伦布取得的成功表示赞叹。这可是具有划时代意义的大事。

皇室也特别为哥伦布举行了庆功宴，请他讲述一些艰险或有趣的故事。此时，有一位大臣却显得不屑一顾，他不服气地说："地球是圆的，任何一个人坐上船去航行，都能到达大西洋的彼岸，没什么奇怪的。"旁边的几个人听了这位大臣的言论也觉得有道理，便在一旁附和。

哥伦布的朋友们，都想出面制止这种诋毁声誉的行为，因为谁都知道，环球航行，困难重重，是谁都能做到的吗？可是

第六章
大胆创意，突破常规让"好点子"为岗位创新添彩

哥伦布反倒显得镇定自若。

过了一会儿，哥伦布请侍者拿来几个煮熟的鸡蛋，来到大厅的中央，并礼貌地邀请刚才那几位对他表示怀疑的大臣做一个简单的小游戏。人们把目光都聚集到他们的身上。

哥伦布对那几个大臣说："各位大臣，如果你们谁能把鸡蛋竖立在桌上，那你们就算赢。"

接着，几位大臣就开始了这个游戏，可是无论怎么做都没有成功，围观的人，也有人尝试，依然没有人能将鸡蛋竖立起来，都说这不可能。

正当大家都开始否定这个游戏的可行性时，哥伦布走到桌子边，拿起了一个鸡蛋，用一端轻轻朝桌子砸下去，蛋的一端被砸破了，蛋也稳稳地竖立在桌子上。

大臣们一片哗然，都说蛋都打破了，还能算吗？要是这样也行，那三岁的小孩儿不是也可以了吗？

哥伦布看着大家不服的样子，缓缓地说道："虽然这是个很简单的游戏，你们却没有一个人做到。但是知道游戏的结果后，大家却都说不过如此。也许，每件大胆的尝试都是这样的吧。"

★★★★★

俗话说："不破不立。"哥伦布正是依靠这种立鸡蛋的方式，突破"地是平的"这种惯常思维，发现新大陆的。"破"体现革命的批判精神，"立"体现创新意识。先打破旧有的固定模式，才能创造出新的，先经历过一些失败磨难，才能走向成功。

先颠覆再重构，是许多巨大变革的创新方式。互联网从诞生之日起，就天生带着创新的基因——因为它本身就是人类伟大创新的产品。一部互联网的发展史，就是一部彻头彻尾的创新史，就是一部不断颠覆传统产业、不断重构全新秩序的创新历史。

★★★★★

从1969年在美国由阿帕网两个节点的联结开始，互联网

员工岗位 创新精神

正式开启它联结世界的伟大行程，创新就一直是互联网的灵魂和核心。

从两台电脑之间的联结到能连接所有电脑的 TCP 协议，从可以浏览文字、声音和图像的网景公司的浏览器到风靡全球的雅虎门户网站，从能搜尽天下的谷歌搜索到把所有的人都集中到一个社区的 Facebook，从最初传输速度几 K 的拨号上网到如今每秒以 G 计的光纤传输，从最初仅仅能发送邮件到如今的微信、微博、支付宝、云计算、移动网……互联网的每一步，都是创新推进的结果。

互联网发展到今天，它的本质和灵魂依然没有改变——变革和创新永远是这个行业的核心驱动力。在中国互联网发展的 20 多年过往中，各种颠覆和重构彻底改变了传统企业和经济的生态格局，互联网与广告、零售、银行、通讯等传统行业的结合，造就了百度、阿里巴巴、京东、支付宝、腾讯等互联网优秀企业的同时，也全面颠覆了旧有经济秩序和社会观念，并有力地促进了中国经济的迅猛发展。而推动这一过程最为核心的东西就是创新。

★★★★★

所以创新，更需要我们敢于去怀疑，敢于去破坏旧规则，敢于颠覆，并在颠覆之后重构新的秩序和规则。像马云颠覆了大众购物传统，重构了一个全新的网上购物的体系和规则一样。

★★★★★

在一次欧洲篮球锦标赛上，保加利亚队与捷克斯洛伐克队相遇。当比赛剩下 8 秒钟时，保加利亚队以 2 分优势领先，一般说来已稳操胜券。但是，那次锦标赛采用的是循环制，保加利亚队必须赢球超过 5 分才能取胜。可是用仅剩下的 8 秒钟再赢 3 分，谈何容易？

这时，保加利亚队的教练立即请求暂停。许多人对此举付之一笑，认为保加利亚队大势已去，被淘汰是不可避免的，教

第六章
大胆创意，突破常规让"好点子"为岗位创新添彩

练即使有回天之力，也很难力挽狂澜。

暂停结束后，比赛继续进行。这时，球场上出现了众人意想不到的事情：只见保加利亚队员突然运球向自家篮下跑去，并迅速起跳投篮，球应声入网。这时，全场观众目瞪口呆，全场比赛时间到。但是，当裁判宣布双方打成平局需要加时赛时，大家才恍然大悟。保加利亚队这意外之举，为自己创造了一次起死回生的机会。加时赛的结果，保加利亚队赢得了6分，如愿以偿地出线了。

★★★★★

"破"有"置之死地而后生"的意思，保加利亚队队员如果照常规做法，想赢捷克斯洛伐克队5分是很难的，但他们出人意料地将球投入自家篮筐，却轻而易举地起死回生了。这正是不破不立的典型案例。

有破才能有立。在竞争日益激烈的今天，能否突破固有做法，努力创新，将决定你是否能成为人上之人。竞争是残酷的，要想在绝处逢生，敢破敢立是你不可缺少的能力之一。

5

保持好奇，用好奇心激发非凡创意

几年前，有几位诺贝尔物理学奖获得者来到清华与学生座谈，当问起什么是科学家发明最重要的要素时，他们都没有选择勤奋、努力、数学基础，而是不约而同地说到好奇心。

心理学认为好奇心是个体遇到新奇事物或处在新的外界条件下所产生的注意、操作、提问的心理倾向。好奇心是个体寻求知识的动力，是

员工岗位 创新精神
Yuangong Gangwei Chuangxin Jingshen

创造性人才的重要特征。比如，正是牛顿对苹果从树上掉下来好奇才有了万有引力的发现。爱迪生也自认为他一生 2000 多项的创造发明，原因在于自己强烈的好奇心。

好奇心包含着强烈的求知欲和追根究底的探索精神，谁想在茫茫学海获取成功，就必须有强烈的好奇心。

★★★★★

葛晓峰是全国申请专利最多的个体发明家，他发明的载波录音、录像机等多项产品获得了国家专利局的专利。他小时候就对许多事物感到好奇，飞机为什么会飞？火车为什么会跑？轮船为什么不沉底？这些在许多人眼里司空见惯的事却常常引起他的思考。一天，他到妈妈所在学校的实验室去玩，看见实验桌上摆着一架分成七八个部件的天文望远镜，心中产生了一种神奇的欲望。一会儿，妈妈有事要出去，临走前叮嘱晓峰不要乱动实验室的物品。但他实在是太好奇了，终于不顾妈妈的禁令，动手把天文望远镜装好了。

四个小时后，妈妈回来了。她看到那个组装好的天文望远镜，惊呆了："孩子！是你自己装的吗？这种仪器的拆装高中生都未必能完成啊！"就是在这种好奇心的驱使下，葛晓峰走上了创造发明的道路，取得了一个又一个的成果。

★★★★★

从上面事例中我们发现其实好奇心与创新有着极大的联系。好奇心是创新产生的前提和基础，是它萌动产生了去探索的念头，因此，好奇心是创新的动力。丧失了好奇心，我们就会被现有的思想所局限，创新能力就会越来越差。我们在创新工作中如果保持了好奇心，那么便会发现工作中处处可创新。所以，好奇心是创新追求之人所必需的。

★★★★★

现代玩具之父、美国人瓦列梅克，创业初期手里只有 1000 美元，可以说是一个真正的穷人。但凭着对玩具进行的创新改进，他成了富翁。那时候的玩具主要是木偶，硬硬的，

第六章
大胆创意，突破常规让"好点子"为岗位创新添彩

没有一丝生气，放在桌上欣赏一下倒还可以，要是让孩子们拿着玩，很快就令人乏味了。瓦列梅克心想，为什么不让这些木偶的手臂活动起来呢？他想了很久，却没有想出什么好办法。

有一天，他在马路上等车，等得很是无聊，便好奇地观察马路上来往的车辆，看它们是怎样行走的。于是，他特别留心车轮的滚动情形。他看到车轮用轴穿着，装在车厢底下，只要装得牢固，轮子滚动的时候便不会发生障碍了。他突然灵机一动，不由自主地将两支手臂向前伸直，不断地转动着，转了好一会儿，便满面笑容地叫道："我想到了！我想到了！"

瓦列梅克发狂似的奔回家里，连衣服也来不及脱，就拿出一把小锯子和一个长柄的手钻，把桌上的一个木偶拿起，将它的两条手臂锯下，在锯口当中钻了一个小孔，再插进一根小圆铁条，把那两条锯下来的手臂装在小圆铁条上。他轻轻转动木偶左手，它的右手也跟着转动了。

"改造"过的木偶逗得小孩儿们大笑。瓦列梅克马上把这个木偶样子交给一个木匠去仿做，先行试做1000个。他把做好的木偶拿回来涂色，色彩配置得非常鲜艳悦目。这1000个试验品拿到百货公司推销时，大受欢迎，不到三天，便卖光了。他还接到了12万个转臂木偶的订货单。

后来，瓦列梅克开设了一家拥有370个工人的工厂。有一天，瓦列梅克忽然异想天开，如果这个四肢活动的木偶能够像真人一样在地上行走，一定更受孩子们的欢迎。但是怎样才能使这个木偶自动地走路呢？他就这个新概念向别人征求意见，可这种新概念并未引起他朋友的兴趣。有人嘲弄他："亲爱的瓦列梅克，假如你能够制造出一个自动走路的木偶的话，我相信天上的太阳会因此而改变轨道，由西方升起，在东方降落了！"

瓦列梅克没有放弃，他把自己的新想法写下来，并且附图说明，发送到工厂去，调用了四个老技工来做这个新的试验。

员工岗位 创新精神
Yuangong Gangwei Chuangxin Jingshen

半个月以后，第一个自动行走的木偶制造出来了。整个木偶制造厂的工人都欢天喜地地围拢在一起，观看这个新奇的产品。他抽调了一半工人来从事这项生产，并且要那四个老技工制造一个一米多高的自动木偶，用来放在一家大百货公司的大堂里面，作为广告招徕顾客。这批自动木偶上市了。第一天，光是纽约一地便售出了17万个！瓦列梅克凭借对木偶玩具的好奇，获得了巨大的成功。

★★★★★

创意来源于生活，好创意还是来源于好奇心。好奇心是打开创新之门的钥匙。因此，最好的创新就是无论在你20岁还是40岁的时候都能保持两三岁时的那颗童心和好奇心。

6

独特创意让岗位创新精彩无限

创意实际是一种创新。独特的创意就是打破常规，超越常理，甚至有些荒谬的构想，然后想办法使之合理化，让别人认为合情合理。有独特的思考方法，才能产生不同凡响的创意。很多人工作多求稳妥，确保一个稳定，但如果人人满足于此，又怎能创新？只有出奇制胜，"意"在人外，闪出智慧的灵光，独辟蹊径，才能获取大的成功。

★★★★★

有一家旅馆的经理，对于旅馆内的一些物品经常被住宿的旅客顺手牵羊的事情感到头痛，可是却一直拿不出很有效的对策来。他嘱咐下属在客人到柜台结账时，要迅速派人去房内查

第六章 大胆创意，突破常规让"好点子"为岗位创新添彩

看是否有什么东西不见了。结果客人都在柜台等待，直到房务部人员查清楚了之后才能结账，不但结账太慢，而且觉得面子挂不住，下一次再也不住这个旅馆了。

旅馆经理觉得这样下去不是办法，于是召集了各部门主管，想想有什么更好的法子，能制止旅客顺手牵羊。几个主管围坐在一起苦思冥想了一番。一位年轻主管忽然说："既然旅客喜欢，为什么不让他们带走呢？"

旅馆经理一听瞪大了眼睛，这是哪门子的馊主意？

年轻主管急忙挥挥手表示还有下文，他说："既然顾客喜欢，我们就在每件东西上标价。说不定啊！还可以有额外收入呢！"

大家眼睛都亮了起来，兴奋地按计划来进行。

有些旅客喜欢顺手牵羊，并非蓄意偷窃，而是因为很喜欢房内的物品，下意识觉得既然付了这么贵的房租，为什么不能拿回家做纪念品，而且又没明确规定哪些不能拿，于是，就故意装糊涂拿走一些小东西。针对这一点，这家旅馆给每样东西都标上了价格，说明客人如果喜欢，可以向柜台登记购买。在这家旅馆之内，忽然多出了好多东西，像墙上的画、手工艺品、有当地特色的小摆饰、漂亮的桌布，甚至柔软的枕头、床单、椅子等用品都有标价。如此一来，旅馆里里外外都布置得美轮美奂，使客人们的印象好极了。这家旅馆的生意竟然越来越好了！

★★★★★

一个小小的创意往往就是这么神奇。物品丢失本是件坏事，但在独特创意下，解决过程中却能化不利为有利，不但避免了损失，还提升了旅馆的知名度，生意变得更红火。可见，创意应不拘一格。违反常规也未尝不可，这样反而能出奇制胜，开创佳绩。

当然，创意出奇就要有甘冒风险的勇气。出奇是一种可贵的创新思维，更是一种可贵的精神境界，没有一点冒险精神，满足于四平八稳，

员工岗位 创新精神

如何能摧枯拉朽，推陈出新？

★★★★★

有一天，美国芝加哥举行了一场规模盛大的世界食品博览会，世界各大厂家都将产品送去陈列。美国赫赫有名的罐头食品公司经理汉斯先生，当然也不例外地将自己公司的罐头食品送去参展。但令他失望的是，博览会的工作人员派给他一个会场中最偏僻的阁楼。

博览会开始后，前来参观的人络绎不绝，但是汉斯先生展览产品的阁楼却门可罗雀。这怎么办呢？汉斯想了半天终于想出了一个绝妙的办法。

在博览会开幕后的第二个星期，会场中出现了一种新奇的现象。前来参观的人常常从地上拾到一些小小的铜牌。铜牌上刻着一行字："拾到这块铜牌之人，就可拿它到阁楼上的汉斯食品公司换取纪念品。"

数千块小铜牌陆续在会场中被发现。不久，汉斯那无人问津的小阁楼，便被挤得水泄不通，会场主持人怕阁楼会坍塌，急忙请木匠设法加固。也就是从那天起，汉斯的阁楼成了博览会的"名胜"，参观者无不争先前往，即使铜牌绝迹，盛况也未削减，直到闭幕。

不用说，汉斯的招数是够奇的，这一奇招使他转败为胜，打了个漂亮的翻身仗。

★★★★★

做生意需要创新才能在竞争中获得成功，这是一个人人都知道的道理。但应该如何创新呢？就是与众不同，出奇制胜。出奇的创意是一种很高明的创新，它抓住了大众的猎奇心理，往往能起到极佳的效果。出奇要有拒绝平庸的气度。拒绝平庸就要突破模式的束缚。模式是出奇的死敌，只有突破模式的桎梏，才能得出与众不同的东西；只有从模式中突围出来，才能让创新的思想在蓝天上自由飞翔。

第七章

融入团队，团结合作塑造人人参与的创新文化

团队是合作的最高形式，企业真正需要的是既有创新精神又富有团队意识的人！实践证明：一个员工只有努力加强自己的团队意识，发挥合作的力量，才能激发出"与团队共命运"的荣辱感，才能更好地去完成自己的创新工作，帮助企业赢得更大的胜利。

员工岗位 创新精神
Yuangong Gangwei Chuangxin Jingshen

1

创新文化是岗位创新的土壤

企业文化能增强企业的凝聚力、产品竞争力。正像其他生命体有其自身的基因一样，企业作为一个生命体也有自身的基因，这个基因就是企业文化。企业文化的核心是其思想观念，它决定着企业成员的思维方式和行为方式，能够激发员工的士气，充分发掘企业的潜能。

创新与风险相伴而行，这就需要营造一种鼓励创新、积极向上的创新性企业文化，以形成不畏风险、勇猛精进的良好氛围。在生态学中，土壤对植物来说是重要的生态因子。在岗位创新精神培养的过程中，更离不开创新文化这块沃土的激发、滋养和支撑。

企业创新文化能通过发挥人的主动性、创造性、积极性以及智慧，使员工从内心产生一种情绪高昂、奋发进取的效应。作为自然人，每个人都有力气，有基本思维能力；作为社会人，每个人又都有精神需要，蕴含着巨大的精神力量，在未获得激励时，人发挥的只是物质力量，获得激励后，人的精神力量就得到开发，激励越大，所开发的精神力量就越大。

企业创新文化提倡、崇尚什么，将通过潜移默化的作用，使员工的注意力逐步转向企业所提倡、崇尚的内容，接受共同的价值观念，从而将个人的目标引导到企业目标上来。

企业创新文化通过改变员工的兴趣、爱好和娱乐方式，使员工融合于其中，当其价值观被员工认同后，它就会成为一种黏合剂，从各个方面把员工团结起来，形成巨大的向心力和凝聚力。

★★★★★

作为一家历史并不太长的中国企业，华为的创新文化不是与生俱来的，而是在成长与发展的过程中逐渐摸索出来的。在总裁任正非的首肯之下，1996年3月华为请来了一大批学者，与华为自己的管理者一起组成了华为管理大纲起草专家组，驻扎在华为公司，共同研究、起草管理大纲。当时《中华人民共和国香港特别行政区基本法》正在起草，任总受其启发，建议将这个管理大纲命名为《华为基本法》。

《华为基本法》明确了华为的创新文化。华为基于对自身发展规律的洞察，将"坚持客户需求导向的技术创新方向"作为企业发展核心竞争力的根本原则，形成了华为对创新能力的独特定义，将技术创新重点放在了及时、准确、低成本地满足客户需求方面，在这一原则确立后，华为对技术创新投入的力度和持续性十分引人注目。

1998年，任正非就在《我们向美国人民学习什么》一文中说道："IBM每年约投入60亿美元的研发经费。各个大公司的研发经费都占销售额的10%左右，以此创造机会。……这是它们比我们发展快的根本原因。"此后，华为坚持每年投入销售额的10%的研发经费，为企业的技术创新奠定了坚实的基础，2014年华为研发投入达到66亿美元，同比增长近30%，占2014年销售收入的14%，也是在这一年，华为成为Interbrand "Top100全球最具价值品牌排行"中首次上榜的中国品牌。

★★★★★

一个好的企业文化氛围建立后，它所带来的是群体的智慧、协作的精神、新鲜的活力，这就相当于在企业核心装上了一台大功率的发动机，可为企业的创新和发展提供源源不断的精神动力。为此，企业文化建设要与企业的创新有机结合起来，为企业创新提供适宜的环境和充足

员工岗位 创新精神
Yuangong Gangwei Chuangxin Jingshen

的营养。

创新是企业文化的精髓，是企业长盛不衰的法宝。企业文化只有把创新的基因植入到员工当中去，才称得上真正能够让企业长盛不衰的企业文化。像松下电器、IBM、英特尔等企业之所以生存至今长盛不衰，原因就在于其创新文化长盛不衰。

企业创新文化建设必须构建完善的创新激励机制。企业创新文化建设是一项需要长期投入的系统工程，要融入技术创新、管理创新和制度创新等相关内容。与此同时，还要把企业创新文化融入企业生产经营管理的各个环节，引导和帮助广大干部职工把制约企业生产经营的重点与难点，作为创新的突破点和切入点，使职工在创新过程中目标明确，从而事半功倍。

企业创新文化要坚持以人为本，人是创新文化建设的核心。在创新文化建设过程中，要注重对员工思想和行为规律的研究，突出员工的创新意识、思维、哲学和价值观，做到爱护职工、关心职工、尊重职工，体现人文关怀，启发和强化员工的创新意识和观念。从而使员工积极愉快地为企业创新目标的实现而努力。

不过，需要注意的是企业创新文化建设不是一劳永逸的事情，而是一个动态的过程，它受员工的文化结构、素质的制约和影响，必须根据技术的进步而进步、工艺的变化而变化，在不同的时期采取不同的方式，与时俱进、创新发展、不断丰富其内涵，为企业的创新和发展提供动力源泉。

第七章
融入团队，团结合作塑造人人参与的创新文化

巧妙沟通，在互动中寻找创新灵感

在现代企业中，人与人之间，部门与部门之间，企业上下级之间，以及其他各个方面之间，特别需要彼此进行沟通。然而，在现实生活中，人与人之间却常常横隔着一道道无形的"墙"，妨碍彼此的沟通。尽管现代化的通讯设备非常神奇，但却无法穿透这道看不见的"墙"。

如果沟通的渠道长期堵塞，信息不交流，感情不融洽，关系不协调，就会影响工作，甚至阻碍企业的发展。所以，要做好岗位创新，就要不断加强企业内部信息的互通，并且逐步建立起一套成熟完善的沟通系统。

沟通在岗位创新中的作用是多方面的，其中突出的有以下三个方面：

第一，沟通有助于改进个人以及团队作出决策。任何决策都会涉及干什么、怎么干、何时干等问题。团队内部的沟通为各个部门和人员进行创新决策提供了依据，增强了判断能力。

第二，沟通促使员工协调一致地工作。企业中各个部门和各个职务是相互依存的，依存性越大，对协调的需要越高，而协调只有通过沟通才能实现。没有适当的沟通，创新工作就很难团结一致的开展。

第三，沟通有利于建立良好的人际关系和组织氛围，提高士气。企业内部良好的人际关系离不开沟通。思想上和感情上的沟通可以增进彼此的了解，消除误解、隔阂和猜忌，即使不能达到完全理解，至少也可取得谅解，使企业有和谐的组织氛围，所谓"大家心往一处想，劲往

员工岗位 创新精神
Yuangong Gangwei Chuangxin Jingshen

一处使"就是有效沟通的结果。

★★★★★

  一家公司的总经理非常重视员工之间的相互沟通与交流，他曾有过一项"创举"，即把公司餐厅里四人用的小圆桌全部换成长方形的大长桌。这是一项重大的改变，因为用小圆桌时总是那四个互相熟悉的人坐在一起用餐。然而改用大长桌情形就不同了，一些彼此陌生的人有机会坐在一起闲谈了，如此一来，研究部的职员就能遇上来自其他部门的营销人员或者是生产制造工程师，他们在相互接触中，可以互相交换意见，获取各自所需的信息，可以互相启发，碰撞出"思想的火花"。

★★★★★

  岗位创新精神要求一个好的沟通协同能在互动中寻找创新灵感。比如营销人员发现市场的一种需求，将其汇总分析后及时通知给研发人员。研发人员通过几次与营销人员的深度交流，确定需求的所有细节，并转化为技术要求。在具体技术达标过程中，出现任何问题，进行任何实验，都要参考营销人员的意见。在产出新样品后，研发人员要和营销人员一道去市场上的试点进行测试，并收集消费者所有反馈。回来后对新品进行调试，甚至重新研发……最后才能推向市场。在推向市场的过程中，研发人员也要积极配合营销人员，对新品的各项技术指标进行培训，甚至帮助市场人员一道将其"翻译"成消费者容易接受的用语，同时还要强化出产品的亮点、功效；并将这些信息通过巡回培训传递给所有渠道商和市场的销售团队。

  人与人之间的沟通应讲究方式，减少沟通中的误会。如果员工之间处于一种无序和不协调的状态之中，双方之间互相推诿责任以致使各种力量被互相抵消，"既然我做不成，那么我也不让你做成"，这样内耗既消耗了别人力量，也消耗了自己的实力。比如在企业的生产活动中，有的业务部门不明确自己的生产活动应当与整个企业的生产计划协调一致，不考虑其他部门的利益，更不愿意与其他部门进行合作。他们没有想到这样做会给整个企业的生产活动带来什么不良后果。又如，有的管理人员主观武断，一个人说了算，听不得下级的意见。更听不得对自己的错误的批评，他们不懂得上下级之间要经常进行沟通，不懂得如果下级的意见和建议受到忽视、冷漠，就会挫伤他们的积极性和对企业的责任感，下级就会消极、沉闷下去。这样的话，团队创新自然也就大受影响。因此，要充分发挥团队沟通的重要作用，强化对员工的思想教育和心理疏导，有助于和谐企业的构建和人力资源优势的进一步体现。

在岗位创新中，我们要重视培养团结协作、合作共事的团队精神。要结合企业自身性质和特点开展沟通创新，以解放思想为突破口，倡导创造性思维；转变过去形成的思维定式和教育模式，把单向灌输变为双向互动，及时掌握员工的心理和思想活动，做到思想工作预防在前头，增强工作的实际效果。

3

集思广益，三个臭皮匠顶个诸葛亮

俗话说："三个臭皮匠赛过诸葛亮。"指的是人多智慧多，有事大家商量，就能想出好办法。也许你个人的力量并不出众，你的员工能力也有限，但当大家团结在一起时，集思广益，密切配合，往往能产生数倍的能量，攻克你个人无法攻克的难关。

★★★★★

有这样一则古老的寓言：在一片原始森林中，有狮子、灰熊、山羊、狐狸、狼、野猪等动物，它们都认为自己很有能耐，谁也不服谁，经常发生争斗。经过反复较量，狮子最终胜出，成为"动物之王"。

员工岗位 创新精神

与那些动物相比，蚂蚁显得太过渺小，谁也不曾在意它们，它们也没有与其他动物对抗过。一天，山神来到森林，他告诉大家：蚂蚁是了不起的动物，它们十分强大。狮子听到这话，很不服气，心想：山神老贼，你居然不赞扬我，而是赞扬微不足道的蚂蚁，我就要证明给你看，我才是最了不起的动物。于是，他找到蚁巢，向蚂蚁们下战书："如果我输了，动物之王的头衔就是你们的，如果你们输了，以后就要乖乖服从我的统治。"

蚂蚁接受了狮子的挑战，双方在约定的时间，在其他动物的见证下展开较量。几头狮子骄傲地站在那里，等待蚂蚁出现，然后就踩死它们。没想到，蚂蚁黑压压地一片冲了过来，迅速将狮子包围。

一开始，狮子们疯狂地踩踏蚂蚁，很多蚂蚁丧命。但过了几分钟，蚂蚁团队占据了主动，它们有的爬上狮子的背上，有的钻到狮子的鼻孔、嘴巴、肛门里，又过了几分钟，几头狮子失去了反抗力，躺在地上嚎叫，任由蚂蚁团队啃咬，最后变成了一堆白骨。

蚂蚁虽然微小，但是却不可小视，因为它们具有强烈的团队精神。当成百上千的蚂蚁团结起来，向目标发起攻击时，庞然大物也会轰然坍塌。狮子虽然强大，但是没有蚂蚁那种团队精神，败下阵来是必然的。

★★★★★

弱肉强食的动物世界的竞争法则告诉我们：个体弱小没有关系，只要能团结起来，就能战无不胜、所向披靡。可以说，任何事业的成功，其实都是团队的成功，都是团队成员努力工作、默默奉献的结果。在团队意识的强大支撑下，每个员工的行为才更符合公司的需要，公司才能在激烈的竞争中站稳脚跟。团队意识决定了行为，行为就决定了我们的效率，而效率就决定了最后的成功。一个团队的成功与否，首先是团队里面每一个人都要有团队意识，这是成功的基本保证。

第七章

融入团队，团结合作塑造人人参与的创新文化

★★★★★

尚先生是一家企业的业务员，学历不高，也没有多少资产，但他有企业策划的才华，经常能策划出盈利性的方案。一天，他翻看报纸时发现一种新开发上市的羊毛纺织机器。对于这个机器，直觉告诉他这里面有商机。于是，他立即调查当地的羊毛纺织机器，发现新开发的机器可以使羊毛纺织降低1/3的成本，而且生产效益可以成倍增长。尚先生找到好朋友林先生，此人虽然对纺织业一窍不通，但是他有雄厚的资金实力。当尚先生把自己的想法讲出来后，林先生决定投资，后来他们开了一家纺织厂，从外地进口了几台羊毛纺织机器，由此走上了成功之路。

★★★★★

团队创新需要群策群力，集思广益。一个人有点子、创意、赚钱门路，另一个人有资金，两人团结在一起，取长补短，最后走向了成功，这就是团结的力量。如果他们不团结在一起，尚先生始终是一个打工仔，虽然有才华，但是无法拥有独立的事业；林先生有资金，但是只是搂着一堆存款，也无法拥有独立的事业。这就是团队合作使人的价值无限增大的最好范本。

★★★★★

在英国石油公司的创新计划中，提出了一项名为"速战速决"的倡议，顾名思义就是从身边做起，重点落实日常经营绩效的即时改善。与此同时，也体现出公司领导对基层意见的大力支持，也就是说，只要是好的设想，无论大小，公司都愿意付诸实施。同时由于业务部门具有工作负荷高、注重绩效的文化特点，因此这样做对迅速达成可衡量的绩效成果至关重要。同时，也更有可能得到员工们的衷心拥护和领导层的必要支持。

提出"速战速决"的前提是：公司认识到工作在第一线的员工最有发言权，他们的设想和建议对公司的日常运作具有

员工岗位 创新精神
Yuangong Gangwei Chuangxin Jingshen

立竿见影的效果。此外，从激发设想开始，一直到付诸实施，"速战速决"还遵循着一整套完善的实施框架。首先，创新小组以访谈形式向一线员工征求意见，要求是能迅速见效的好主意（在90天内即可完成实施）和成本低廉、能够提高生产效率的解决方案（成本通常在5美元~15000美元之间）。

然后，经提议人同意，他们的建议将提交业务部门领导层审议。更为重要的是，如果建议得到批准，将由提议人来负责此后的落实工作，包括从建议实施到目标实现的整个过程。同时，给予提议人实施建议所需的相应职责和自主权利。必要时，还允许他们就自己取得实际成果的能力所及，作出方案修改和调整，或干脆取消原先的建议。

★★★★★

通常情况下，创新究竟来自何方？是基层员工的头脑，还是较高层的领导？答案是创新大部分情况源于基层。换而言之，并非说干实事的人总比高高在上的董事们更聪明些。这纯粹是一个数字游戏：一边是高层管理团队，他们只占企业员工极少数的比例；然而另一边，每天工作在第一线的员工却数以万计。因此，征求基层意见，择优采纳，并加以实施实为聪明之举。

4

建言献策，为企业提供合理化建议

在岗位创新工作中，建言献策体现了员工对于企业建设和发展的热忱，是员工参与管理和决策的需要，理应受到重视。对岗位创新来说，建言献策也是一种合理化建议。

合理化建议,是指有关改进和完善企业、事业单位生产技术和经营管理方面的办法和措施;其中技术改进,是指对机器设备、工具、工艺技术等方面所作的改进和革新。

合理化建议是岗位创新的重要方式,这是因为合理化建议与技术改进以提高产品质量和服务质量、降低物质消耗、提高劳动生产率和经济效益为重点。一个人的智慧常常是有限的,团队要想有更好的发展,就离不开集体的努力,离不开全体员工的合理化建议。

★★★★★

25岁的徐斌是浙江朗迪集团股份有限公司一名工段长,他发现公司采用的传统模具注塑工艺平均每件产品要产生0.13公斤废料,且影响产品质量。在企业合理化建议活动中,他提出了改革传统工艺的"金点子",结果一举成功。新的模具工艺,不再产生废料,将台班产量从1200只提高到1400只,合格率提高了3%,年产生经济效益269.8万元。徐斌也从一名普通的工人成长为企业的技术骨干。

★★★★★

所谓"建言献策"就是出主意、想办法,提出合理化建议。建言献策是企业革新挖潜、降低成本、提高生产率、增加企业经济效益的重要途径。现代的企业,都建立了"献计献策"制度,目的是希望员工多提出好的建议。比如在IBM公司,只要提出好的建议就付给报酬,即使你的建议微如芥豆,也能得到奖励。

★★★★★

上海豫园旅游商城股份有限公司下属的食品厂职工仇成华根据公司的实际情况,就节约能源提出的《降本增效煤改电》"金点子"被企业采纳后,生产燃料成本下降52%。目前,该电热炉已投入使用,一年可节省费用8万元,这个金点子还被黄浦区总工会等授予区"十佳"金点子荣誉。6个月来,该公司2358名员工参加了献"金点子"活动,参与率达70%,收

员工岗位 创新精神
Yuangong Gangwei Chuangxin Jingshen

到合理化建议1506条，被公司行政采纳258条，取得经济效益105万余元。

★★★★★

几乎所有的成功企业都把合理化建议活动的开展和企业的兴衰连在一起。一个企业要兴旺发达，单靠自上而下的指导是不够的，必须要与自下而上的建议相结合。一个优秀员工应当积极地向企业提合理化建议，适时地提出一些大胆的建议，可以让你的价值在领导心目中水涨船高。可以说，给企业献计献策、提出合理化建议是每个员工职责的一部分。

"点子"是一种在没有说破时令人难以想出的好"主意"，在不点破之前即便冥思苦想也想不出来，一旦道破又觉得非常简单的一个好创意。在很多情况下，小点子积少成多，能给公司运营带来质的飞跃。

★★★★★

有两个管理学家在考察一家美国纺织品企业设在丹麦的工厂时发现，虽然这家工厂使用的纺织机械和全球其他地方没什么两样，但其工作效率却是其他公司的三到四倍，而且同样的机器还能生产出不同的布料，就连这些纺织机械的供货商也感到不可思议。奇迹是如何诞生的？说起来也很简单，无非就是在机器的某个部位安装一个阀门，或者随时改变机器运作的压力，再在运送原料的流程中下点功夫，相同的机器就产生出了非同寻常的效益。

★★★★★

显然，是员工想到了这些点子，并发挥聪明才智做到的。对公司、老板主动提出合理化建议是员工应有的责任。但有些员工为了避免出差错而保持沉默，他们不是想不到好主意、好建议，而是觉得事不关己，不愿张口动手罢了。这样的工作态度，不仅埋没了自己的才能，失去争上游的机会，也使公司错失了可能的"美玉"，多可惜！

★★★★★

20世纪70年代的某年，日本的蛋糕生产呈现饱和状态，明治糖果公司虽采用登报、上电视、印制推销单等手段进行广告宣传，但收效甚微。眼看圣诞节将至，公司蛋糕滞销的僵局还未打破，老板忧心如焚。

这时，有位员工提出建议：在公司每天清晨配送的鲜牛奶瓶上挂一张精美的小卡片，卡片印上公司圣诞蛋糕的广告，背面则是蛋糕的订货单。凡需要的顾客，只需在订单上签个名，第二天公司回收空奶瓶时，便顺便将订货单带走。

公司老板高兴地采纳了这一建议，很快推出了别致的广告卡片。果然，这种广告立竿见影，短短几天，公司便获得3000多盒圣诞蛋糕的订货单。公司老板重奖了那位提出此项聪明建议的员工，并笑着问他："你是怎么想到这个点子的？"

那位员工答道："登报、上电视、发传单的做法，并不是人人都有时间去关心和注意，尤其是在广告大战的今天，一些人对广告已经感到腻烦和厌恶，传统的广告方式自然收效不大了。现在利用客户使用牛奶瓶的机会，因势利导，见缝插针地做广告，既不浪费处于快节奏生活状态的主人时间，又方便了他们订货的手续，成功当在意料之中。"

★★★★★

一个优秀员工应该主动提建议，为不断提升公司的经营管理多出"金点子"，为企业寻求良性和快速发展尽自己的一份力。只要自认为对公司有帮助的建议，就要大胆提出来。即使自己的提案被否决了，也不必因此而耿耿于怀，这才是得到老板信赖的好办法。老板会认为，你是个能提出好建议的员工，而且认为你是个无论成败都能保持心情舒畅的乐天派，这样以后你还有许多提出建议的机会。

合理化建议的内容主要包括：

（1）工业产品质量和工程质量的提高，产品结构的改进，生物品种的改良和发展，新产品的开发；

（2）有效地利用和节约能源、原材料，以及利用自然条件；

（3）生产工艺和试验、检验方法，劳动保护、环境保护、安全技术、医疗、卫生技术、物资运输、储藏、养护技术以及设计、统计、计算技术等方面的改进；

（4）工具、设备、仪器、装置的改进；

（5）科技成果的推广，企业现代化管理方法、手段的创新和应用，引进技术，进口设备的消化吸收和革新。

一个处处为公司着想的职工，会站在公司的立场上，以为公司创造利益为出发点，给公司多出点子，提出各种好的建议和意见。为公司提好的建议，出好的点子，能给公司带来巨大的效益，同时也能给自己创造更多的发展机会。

5

共同创新，团结起来力量大

个人搞点创新，搞点发明、创造并不难，难的是建立一个创新型的团队。美国通用电气公司前总裁杰克·韦尔奇说过："我的成功，10%是靠我个人旺盛无比的进取心，而90%是依仗着我的那支强有力的团队。"这句话既是谦虚的表现，也道出了一个事实——优秀的领袖之所以优秀，关键在于他懂得带动整个团队作战。

小成功靠个人，大成功靠团队。任何一个企业，如果只是依靠一个人或几个人的才能，是不可能把企业做大做强的，必须要有团结一致的高效团队。就像唐僧师徒西天取经，一行四人中，孙悟空能耐虽大，但是却不能没有八戒和沙僧的辅佐，正是他们师徒四人的紧密合作，才能在历经九九八十一难之后取得真经。所以，在岗位创新中，我们要不断增强团队的凝聚力，增强团队成员的合作意识，使大家相互依存、同舟共济、取长补短，形成一种相互信任的团队氛围，铸成一支无坚不摧的长矛，攀向企业成功的巅峰。

★★★★★

当熊海锟站在高高的领奖台上，和其他28名团队成员一起，拿到3M全球的团队创新荣誉"2006年度金靴奖"时，喜悦的心情甚至超过了他2001年获得3M全球"技术卓越创新奖"，即使它代表了员工个人技术水平的最高荣誉。

在他看来，团队的荣誉高于个人的荣誉，因为团队的贡献高于个人的贡献。以他为首的"DYNASTY工业胶带产品本土化"项目团队，实现了该产品的本土化创新，年销售收入突破1000万美元，符合新产品上市3年内，某年的销售收入"至少1000万美元"的"金靴奖"标准。

现任3M中国胶带和胶粘剂产品实验室经理的熊海锟，回忆自己在DYNASTY团队中开展创新工作最难忘的一件事时说，是公司领导对团队式创新的高度重视，催生了DYNASTY团队，剑指"金靴奖"，团队的创新能力显然远远高于个人，团结起来力量大，人人创新的结果，是他们的团队成功了，一举拿下了"金靴奖"。

★★★★★

在畅销书《团队的智慧》中，麦肯锡公司的两位资深专家指出，真正的团队是由少数有互补技能，愿意为了使他们走到一起来的共同目的、目标和工作方法而彼此负责的人们组成的群体。换句话说，团队具有六个基本特征：有意义的目的、具体的业绩目标、共同的工作方法、互补的技能、相互的责任、人数不多。两位专家还指出，在高绩效的团队中，成员对相互的成长和成功具有超乎普通团队的强烈的责任感，因为这种责任感的推动，其余五个团队基本特征获得了升华。也就是说，高绩效团队的目的感更加深切、业绩目标更加雄心勃勃、工作方法更加完善、相互信任更加充分。这样的团队，创新的能力自然也远远高于个人。

员工岗位 创新精神
Yuangong Gangwei Chuangxin Jingshen

在团队中，每个成员都应该认识到，一个人的成功不是真正的成功，团队的成功才是最大的成功。那种"只顾自己，不顾集体"的员工，是不受领导和同事们欢迎的。一个企业只有依靠团队的智慧和力量，才能获得长远的竞争优势与发展潜力。一个好的团队可以把企业中不同职能、不同层次的人集合起来，找出解决问题的最佳方法，形成强大的战斗力。可以说，团队是企业生存和发展的根本。

在岗位创新中，一个人的成功不是真正的成功，团队的成功才是最大的成功。因此，作为员工，我们必须全心全意，精诚合作搞创新。

企业要想持续成功，就要不断创新。那些能够取得新成就的企业都是在不断创新中成长起来的，他们都拥有自己不同的创新观念。

在竞争日趋激烈的今天，应该让每个员工感受到市场压力，由市场来评判员工的劳动是否有效。现在企业最大的困惑是企业的领导感到市场的压力非常大，而有些员工并没有感受到压力或感到压力不大。如果把市场压力穿透到每个员工身上去，员工一定会想办法来解决这个压力，这就需要团队创新，而这正是岗位创新精神最需要的。如果团队中每个人都来动脑子，都来创新，这对企业来说是一笔非常大的财富。

6

建立创新奖励机制，鼓励人人创新

李克强总理在国家科学技术奖励大会上的讲话中说：

★★★★★

"创新是中华民族生生不息的秉性、发展进步的动力。人民是创新的主体，一部五千多年的中华文明史，就是人民在实践中探索创新的历史。中华民族自古以来就是具有蓬勃创造活力的民族，四大发明在世界发明史上熠熠生辉。近代以后中华民族历经磨难，但创新图强的步伐从未停歇。新中国成立以来，我们坚持自力更生、大力推动自主创新，改革开放点燃了博采互鉴、以开放促进创新创造的火种，汇聚起推动经济社会发展的强大动力，中国速度、中国力量、中国创新让世界瞩目。

"今天中国的现代化建设进入了关键时期。我们既要在较短时间内走完发达国家上百年走过的工业化道路，又要在新一轮世界科技革命和产业变革中迎头赶上。我国经济发展进入新常态，既要保持中高速增长，又要向中高端水平迈进，必须依靠创新支撑。我们现在拥有巨大的创新空间。人民温饱问题解决后，多样化需求引领创新；基本商品供应充足，资源环境约束加剧，推动企业加快创新；人们挑战自我、主动创造的意识增强，造就社会包容创新。国家繁荣发展的新动能，就蕴涵于万众创新的伟力之中。

"我们将坚定不移地走创新驱动发展之路，进一步解放思想、敢为人先，不囿旧制、不循成例；进一步解放和发展社会生产力、激发和增强社会创造力，推动持续发展；进一步促进社会公平正义，使人人皆可创新、创新惠及人人，为大众创业提供支撑。

"如果说万众创新的潮流推动中国这艘大船行稳致远，那么改革就是推动创新的重要动力。创新既包括技术创新，更要以体制机制创新为条件。要通过全面深化改革，破除一切束缚创新的桎梏，让一切想创新能创新的人有机会、有舞台，让各类主体的创造潜能充分激发、释放出来，形成大众创业、万众创新的生动局面。"

★★★★★

这一讲话使"鼓励人人创新"成为国家战略，也成为企业发展的一个重要的助推力。企业就需要制定、完善和落实各项制度，实施创新

员工岗位 创新精神

激励机制，鼓励各类人才在各个环节开展创新，奖励创新成果，有效推进创新进步。

在岗位创新中，企业一定要认识到完善合理的制度对企业发展的意义和作用。完善的制度体现了公平，维护了正义，使员工获得一视同仁的对待，这样可以提高员工的工作效率。在竞争激烈的今天，员工的工作效率提高了，企业的生产效益就会大大提升，企业的综合竞争力也会水涨船高。胜利油田就是深明其中真义的一家企业。近几年来，胜利油田大力鼓励人人创新，制定了一系列鼓励和引导创新的政策和机制，并取得了较好的效果。

★★★★★

2014年，胜利油田申请国家专利743件，同比增长35%，平均每天申请两件，其中国家发明专利331件，同比增长52.5%。通过引导员工进行技术攻关、技术革新、发明创造，在促进经济效益提升的基础上，胜利油田拥有了更强的核心竞争力，也使"人人能创新"呈燎原之势。

身患癌症六年多的胜利油田东辛采油厂采油高级技师吴吉林，完成技术创新成果78项，其中4项获国家发明专利、19项获国家实用新型专利、1项获全国职工技术创新成果优秀奖，仅节能防腐耐磨抽油杆技术就创效近千万元。

地质院地球物理室博士杨培杰获得专利授权1项，公布5项，受理6项，他所在的地球物理室平均人人有1项以上的专利。

从2008年成功申请第一项专利后，工作中想点子、搞创新已经成为胜利油田电力管理总公司东区供电公司线路管理队的工作常态，55名职工人人都有专利。他们成立了专门的创新攻坚小组，轻型移动遥控门吊、多功能电动液压组合工具、新型便携式可调杆上平台……一个个创新成果应运而生。全队累计研发科技成果65项，其中60项获得国家实用新型专利，两项获得国家发明专利，另有3项创新成果在胜利油田得到广泛推广应用，该队也成为胜利油田唯一一支"人人能创新，个个有专利"的基层队。

胜利采油厂一矿采油一队，由于群众性经济技术创新活动蓬勃开展，先后涌现出油井防盗"铁将军"、管线堵漏"神仙手"、电器修理"路路通"等高技能人才。这支只有74名职工的基层队，拥有35项国家实用专利，平均每两名职工拥有一项，还有54项局级以上创新成果。

胜利油田技术人员研发的不压井作业技术共获得发明专利5项，实用新型专利20项，在胜利油田10个采油厂和4个油公司实施6188井次，取得了增油13万吨、减少排放60万立方米、增加注水130万立方米、节省压井液2.6万立方米、创效11.21亿元的良好效果。

得益于各项制度措施的实施，油田知识产权工作的进步为提升企业核心竞争力发挥了重要作用。到2015年，油田累计共申请专利4272件，授权专利3189件，拥有有效专利1510件，其中有效发明专利216件，实用新型专利1294件。

鼓励人人创新，企业要建立相应的奖励机制。良好的激励机制是企业员工创新的持续动力。企业构建创新奖励机制，主要要注意以下方面：

一是构建以企业为主体的科技创新成果转化机制，鼓励企业内部实行多种分配形式，如技术入股、管理入股等，并明确把科技成果转化的数量与质量作为评价依据。

二是积极搭建科技成果转化中介服务平台，大力发展技术市场等科技中介服务机构，使其充分发挥在科技成果转化中的"催化"作用；建立基于互联网的交易平台，定期发布信息，加强科研院所、高校和企业间的信息对接；建立一支严格的技术评估、项目评审的专家咨询队伍和评估规范；设立科技经纪人制度。

三是合理规划和建立专利池管理机制。专利池已成为跨国企业垄断

员工岗位 创新精神

市场的重要工具,应借鉴国外先进经验,制定相应的规章并明确监管机构。企业之间也可以联合起来,共同利用,从而加速专利的利用率和转化率,使专利带来实实在在的效果。实践证明,如果企业联合起来与外国企业就专利池进行专利费率和许可条款的谈判,效果往往比单打独斗要好。

四是对创新成果进行必要的奖励。金钱激励最好的衡量标准是工作难度和业绩水平。公平地按个人业绩及团队整体业绩进行奖酬,才能促使团队成员都积极为了实现更多自身利益及团队利益而努力贡献。金钱激励不是唯一的激励方式,人们仍然客观地需要精神激励。精神激励就是引发成员的热情,促使其坚持某个行动方向以实现组织愿景和目标。大多数员工表明,如果他们感受到领导者的重视和关心,他们就会尽心尽力乐于奉献,甚至倾力付出额外努力完成所接受的任务。

总之,完善合理的激励机制,能更好地激发员工的创新热情,提高创新成果的转化率,使企业创新更有成就。

第八章

与时俱进，让互联网为岗位创新注入全新活力

  与互联网紧密相连是企业发展的方向，更是企业的未来。互联网背景下，阿里巴巴是创新，小米是创新，滴滴是创新，"互联网+"是创新，线上线下的融合也是创新，B2B、C2C、O2O无一不是创新。这个时代就是创新的时代。在这样的时代里产生的创新离不开互联网思维。

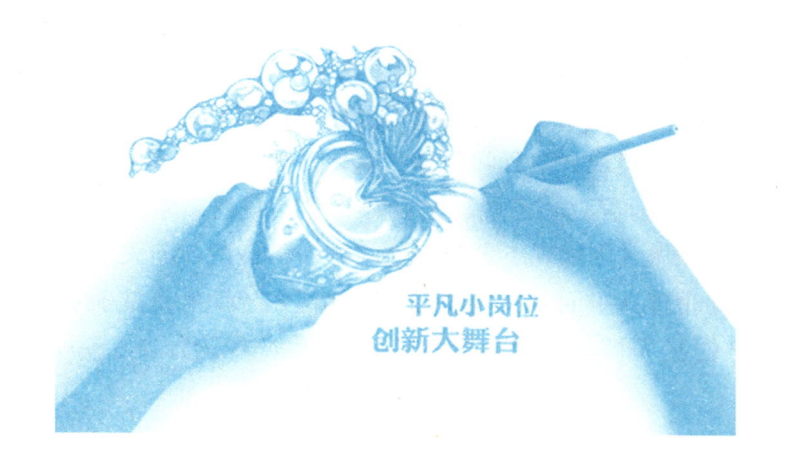

平凡小岗位
创新大舞台

员工岗位 创新精神
Yuangong Gangwei Chuangxin Jingshen

1 万众创新时代，岗位也需要"创客"

随着互联网技术的发展，科技创新的大潮汹涌奔腾。我国也进入了大众创业、万众创新的时代。由于互联网使大众发生即时的交互联系，产生了免费效应和增值效应，即边际成本向零趋近，边际收益向最大值趋近。这就打破了原有的市场格局和传统的商业模式，使得过去在技术上和经济上都无法进行的大众创新，变成完全可行的了。在这样的时代背景下，岗位创新也需要"创客"。

"创客"一词来源于英文单词"Maker"，是指出于兴趣与爱好，努力把各种创意转变为现实的人。在中文里"创"的含义是：开始做、创造、首创、开创、创立。它体现了一种积极向上的生活态度，同时有一种通过行动和实践去发现问题和需求，并努力找到解决方案的含义在里面；"客"则有客观、客人、做客的意思。客观，体现的是一种理性思维。客人、做客则体现了人与人之间的一种良性互动关系，有一种开放与包容的精神在里面，而开放与包容体现在行动上就是乐于分享。创客以用户创新为核心理念，是创新 2.0 模式在设计制造领域的典型表现。

★★★★★

美国作家安德森自 2001 年起担任美国《连线》总编辑，著名的《长尾理论》即出自其笔下，同时他也是一名能力很强的创客。2009 年，安德森与人合伙租了一个车库成立了 3D

第八章
与时俱进，让互联网为岗位创新注入全新活力

Robotics 公司，主要从事无人机的发明与制造。第一年，该公司的营收虽然只有 25 万美元，但已经盈利，到了第三年也就是 2011 年，其营收超过了 300 万美元。2012 年 11 月，他从《连线》辞职，成为专职创客。之所以年营收 25 万美元就已经盈利，是因为安德森的这种模式最大限度打掉了中间分销环节，避免了层层加价，同时也没有库存、赊账、广告营销费等财务成本……利润空间相对传统制造业要大得多。安德森在《创客时代》一书中说："创客将掀起第三次工业革命，改变世界。"

★★★★★

随着信息技术的发展、知识社会的来临，传统的以技术发展为导向、科研人员为主体、实验室为载体的创新 1.0 模式正在转向以用户为中心、以社会实践为舞台、以共同创新、开放创新为特点的用户参与的创新 2.0 模式转变。在互联网普及的时代里，基于虚拟世界的商业创新让人耳目一新。但作为活生生的人，毕竟无法生活在计算机或者比特世界里，衣食住行都需要有形的实物。即使是在万物互联的物联网时代，可连接的物品也需要是有形的。因此，与计算机革命相比，更注重创造有形实物的创客运动的来势会更加凶猛。安德森断言：创客运动将实现全民创造，推动新的工业革命。

★★★★★

在创新大潮中，成立海尔创客实验室，始于海尔集团的内部创业激励初衷。海尔创客实验室希望成为一个开放、创新、协作、共享的创客孵化平台，链接国内外知名企业、创客空间、创投机构、优秀的供应链资源和全网的营销渠道，为创客们提供项目落地的全流程产业化解决方案，让创意变为现实。

比如，从诞生的那天起，"雷神"游戏本便以黑马的姿态引爆互联网。在三万条差评中获取创意灵感，以近乎严酷的方式要求产品品质。最难能可贵的是"雷神"团队始终将与用户交互作为自己工作的重中之重。团队把过去与用户间的买卖关系变成了朋友关系，甚至为自己的用户购买回家的机票，"雷

员工岗位 创新精神

神"正是凭借这种有效且温情的交互方式，为自己在竞争激烈的游戏本市场开拓出一片天地。回过头来再看如今的"雷神"游戏本，它早已从曾经的黑马成长为一匹真正的千里马。

比如，天樽空调是海尔于2013年10月份推出的一款颠覆式创新空调。这款空调源起于673372名网友和海尔研发平台的交互，通过网友对传统空调的使用痛点，即空调病、风太冷、自然风、远程控制等问题，海尔创客团队整合全球资源，致力于研发出一种具有颠覆性的空调产品，并最终推出了天樽空调。天樽空调最大的颠覆之处就是让空调具备了"自主思考"的能力，其不再是以往单纯根据使用者指令制冷制热的工具，而成为了能够根据外界环境变化自动调节运行状态的"智能空气管家"。

★★★★★

我们每天都有各种奇思妙想，但绝大多数只是停留在一闪而过的想法上。创客之所以不同于其他人，是因为他们愿意为创意付出行动。创客是用行动做出来的，而不是用语言吹出来的。创客不仅是异想天开的人更是脚踏实地的人。从创意到实现创意是一个质的飞跃，从创意产品到形成商业模式，又是一个飞跃，每一个飞跃都不容易，都意味着有失败的危险，但这也正是创新的魅力所在。如今，创客运动在全球各地开枝散叶，颠覆既有的经济生产方式与教育体系，改变人类消费与获取知识的途径。对此，中国"创客"与"大众创业，万众创新"联系在了一起，势必要成为时代的弄潮儿。

激发学习热情，融入互联网创新时代

作为个体，在任何特征的社会中都是要努力学习和成长的，但在互联网时代，人的注意力已经被各种网络信息源瓜分，阅读能力低下，生活娱乐化倾向明显。虽然人们感觉生活丰富了，但实际上学习能力却下降了，知识鸿沟在加深，大众被商业的阴谋绑架在快消式的生活方式中。在这样的社会趋势下，善于主动学习显得极为重要。

西方的白领阶层中流行着这样一条知识折旧定律："一年不学习，你所拥有的全部知识就会折旧80%，你今天不懂的东西，到明天早晨就过时了。现在，有关这个世界的绝大多数观念，也许在不到两年的时间里，将成为永远的过去。"对于一名员工来说，终身学习是保证自己职业竞争力的有效手段。

★★★★★

林东大学毕业后进入一家咨询公司工作。进入公司一年后，他发现周围的许多同事都在休息时间学习充电，不管是专业知识还是一些小语种的外语，都成为同事们充电的内容。但他认为自己的知识和经验完全能够胜任现在的工作，没有必要再去学习些什么，而且现在工作这么忙，如果再去学习，就根本没有时间好好休息了。所以，当许多同事正努力为自己日后的发展寻求更扎实的基础时，林东却荒废了学习，不再追求知识的更新。

员工岗位 创新精神
Yuangong Gangwei Chuangxin Jingshen

一天临近下班时，某客户给林东打了个电话，问他明天的课程里是否有关于 AutoCAD 的详细讲解。林东一愣，觉得非常不好意思，因为没有学过 AutoCAD。客户不高兴了："前几天还是你给我打电话，让我报名参加你们公司的培训课程，可你居然都搞不明白，由此可见你们的培训课程如何了，我要求退课！"

林东慌了手脚，但在客户的坚持下只好照做，一个好不容易拉来的客户就这样流失了。经理弄明了原委后，毫不留情地把林东降级处理。林东后悔莫及："真该平时多加强学习专业知识，我这是自作自受！"

★★★★★

职场中，不学习、不关注外界的发展，很可能使人盲目乐观，以为自己依然很强。殊不知职场瞬息万变，也许昨天你还能轻松胜任的工作，到了今天就做不了，或者被更优秀的人代替了。所以，我们要做好自我学习管理，紧跟职场发展潮流，才能跟上工作岗位要求的变化，从而保持自己的职场竞争力。

学习是回报率最高的一种投资，尤其在互联网时代，通过加强学习信息技术，我们可以对新观念、新方法、新技术、新工具保持相当的敏感度，可使自己在工作中提高技能和水平，变得更加知识化、专业化和职业化，让自己始终具有强大的职场竞争力。

★★★★★

"崭新的一天开始了，你准备好了吗？"这是某超高压公司员工自创的班组信息化平台问候语。该平台经三个月试运行，于 2011 年 11 月 25 日正式亮相。该平台由辽阳继电及自动化班依据标准化班组建设标准自主创新完成，包含班组建设、安全及日常管理、记录及报表、生产过程管控等内容，集任务派发、过程管控、资料存档、统计自检、效果评估和经验交流六大功能于一体，以网页、图标、电子表格等文档形式实现了平台桌面化、信息一体化、管理规范化、建设标准化。在

第八章
与时俱进，让互联网为岗位创新注入全新活力

试运行期间，该班组对班组信息化平台更新、升级两次，现包括快捷窗口 8 个、专栏 18 个，涵盖内容更加全面，平台应用更加方便快捷。

据了解，一个班组需填写月记录 18 项、季记录 6 项、年记录 5 项，需更新月记录 84 项、季记录 32 项，漏填记录、更新不及时等时有发生。应用信息化平台后，该班组现已完善设备电子档案 120 宗、安全生产资料存档 1719 个、班组管理资料 2731 份、培训材料 4678 份，彻底解决班组日常管理出现漏洞的痼疾，提高工作效率近一倍。

★★★★★

在互联网时代，信息化管理可以让每一个基层员工能够实时而准确获取到所需各种资料，还能够参与和了解到更多其他的管理经验和各种活动信息。互联网时代创新的含义，不仅仅是某种跨越式的技术，而是利用互联网技术创造出前所未有的商业模式。与互联网精神相契合的是，这一时代的创新往往是在开放、合作、平等与全球化的前提之下发生的。因此，在互联网时代，全面学习掌握互联网技术是员工做好岗位创新的根本。

3

与时俱进，掌握互联网创新思维

在互联网时代，岗位创新要不断与时俱进，大力改进，体现时代性、把握规律性、富于创造性。无数实践经验证明，创新不是轻而易举的事，而是主客观条件巧妙结合的产物，是多种因素的结晶。所以，员

·191·

员工岗位 创新精神
Yuangong Gangwei Chuangxin Jingshen

工要想踏准时代的节拍，在互联网时代有所创新、有所创造，就要先掌握互联网思维。

互联网思维最早是由百度创始人李彦宏提出来的。在百度的一个大型活动上，李彦宏在与传统产业的企业家探讨企业未来发展问题时提到，当前的企业家不管是否从事互联网行业，都必须用互联网那样的思维方式来思考问题。其实真正让互联网思维一夜之间火遍各界，并在全国上下掀起一轮汹涌的互联网思维浪潮的却是2013年11月3日中央电视台《新闻联播》播出的节目《互联网思维带来了什么》，节目以海尔空调和小米手机为例，展示了信息交互、知识分享的全新思维方式给中国制造业带来的巨大改变，从而让"互联网思维"这一名词遽然流行起来，成为最引人瞩目、抓人眼球、惹人遐想且散发出着神秘而空前吸引力的热词，传遍大江南北，为众人所熟知。

互联网思维到目前为止，并没有一个精确的、能普遍为所有人接受的定义。大家都从自己的角度出发，以自己的理解和经验，在定义着互联网思维。如小米创始人雷军认为，互联网思维就是"专注、极致、口碑、快"七字诀；360总裁周鸿祎却把"用户至上、体验为王、单点突破、颠覆创新"的16字箴言作为互联网思维的真谛；在腾讯老板马化腾的口中，"马七条"——连接一切、"互联网+"、开放的协作、消费者参与与决策、数据成为资源、顺应潮流、风险——就是互联网思维的精髓；在另一位互联网大佬百度总裁李彦宏那里，对于互联网思维是这样定义的：可能你做的事情不是互联网，但你的思维方式要逐渐像互联网的方式一样去想问题……正如一千个读者的眼中有一千个哈姆雷特一样，在互联网思维刚刚兴起、方兴未艾之际，对于互联网思维的理解和定义，也是仁者见仁，智者见智。

★★★★★

互联网时代，传统银行如何寻求金融创新的突破？2014年9月，建行率先推出国内金融系统首个真正网上全流程个人自助贷款——快贷，不用提交任何材料，登录建行手机银行客户端或网上银行，点击"快贷"，动动手指点点点，3步"秒杀"，贷款"落袋"，这就是建行"快贷"，立"点"可贷！2015年又再次成功上线手机版"快贷"，实现移动端服务，使用户更加方便，体验更完美。

2005年，建设银行住房资金归集余额仅3千亿元，2015年，这一数字已然跃升至2万亿元。十年之间住房资金规模增长5倍，公积金缴存客户规模翻一番，这是"以人为本"的服务带来的显著效益。什么是"以人为本"？说得直白点，就是一切以人为中心，一切围着人来转。强调的是从人的角度来思考问题，要理解人、尊重人、关心人、爱护人，满足人的需要，关注人的需求，凝聚人的智慧，激发人的潜能，提升人的技能，促进人的发展，这才是真正的以人为本，才是真正以人为本的思维、互联网时代的互联网思维。一切以利润为中心、以产品为中心、以服务为中心或者是以发展为中心的思维，统统落后了。建设银行的变革就是一个绝佳的范例。

银行服务差，时常要排队，是最广为人知也最为人诟病的银行弱点。但随着互联网时代的到来，银行的经营思维也有了飞跃般的改变。在互联网背景下，银行要赢得好的口碑，赢得更多的客户，就要顺应互联网潮流，变革服务模式。传统产品要打开销路，赢回市场，又何尝不应如此？

★★★★★

互联网思维的核心理念，正是创新、改变、融合和发展。当商品、货币化身为信息的载体，与消费者单向、灌输式的传统方式沟通，被多向、互动式、精准定向的模式取代，用互联网思维思考，就会发现原有模式和理念的诸多缺陷和变革所带来的惊人的价值。正如有人所说：无论哪个产业，用"互联网思维"重新加以审视，就会发现非常多的机遇和空间。传统行业用互联网思维做一遍，将会释放出更多的能量，带来令人惊叹的价值。像互联网流行的用户思维、服务思维、免费思维、平台思维、痛点思维、尖叫点思维、大数据思维……都是值得我们在创新过程中借鉴的。

员工岗位 创新精神

互联网思维是与工业化思维相对而言的，一种技术要从工具属性和应用层面全面渗透到社会生活中，会经历很长的时间。比如珍妮纺纱机从一项新技术到改变整个纺织行业，到后来被定义为工业革命的开始，再到影响了东西方国家的经济格局，其中的跨度至少几十年，但互联网思维却以很快的速度改变了整个商业圈，这与互联网本身的性质是分不开的，那就是快捷。工业化时代的核心是资源和产品，但对于互联网时代来说已经发生了巨大的变革。

★★★★★

小米公司的迅猛发展，就是得益于其互联网思维中的创新。

一是商业模式的创新。作为一家互联网公司，小米更在意用户的口碑和对用户的吸引，只要有足够多的用户，盈利自然不是问题，这是互联网思维最关键的意识之一。拥有用户就拥有财富。但大部分手机厂商没有经营用户的认识，特别是国产品牌，只知道单纯卖手机，却没看到手机作为移动终端背后的庞大市场。换句话说，小米可以把手机价格压到最低，低到一分钱都不赚，但手机作为移动终端却会给小米带来丰厚的利润。

二是营销模式的创新。小米手机除了运营商的定制机外，只通过电子商务平台销售，最大限度地省去中间环节。通过互联网直销，市场营销采取按效果付费模式，这样的运营成本相比传统品牌能大大降低，从而最终降低终端的销售价格。

小米当家人雷军说，保持产品的透明度和良好的口碑是小米初步取胜的秘诀。从一开始，小米就牢牢扎根于公众，让公众（尤其是发烧友）参与开发，每周五发布新版本供用户使用，开发团队根据反馈的意见不断改进，此后的米聊和小米手机皆如此，而且还鼓励用户、媒体拆解手机。

三是竞争战略的创新。小米在不靠硬件赚钱的模式上发展手机品牌，软硬件一体化，定位中档机市场2000元，价格向下看、配置向高端机上靠齐，甚至领先。这个产品空间以及利润空间的考虑，其他厂商不太好进入。同时，手机与移动互联网混合的模式也使得小米没有竞争对手，小米所有 Android 开发的竞争对手都不是其做手机的竞争对手，所有做手机的竞争对手又都不是其做 Android 开发的竞争对手。而且就算是竞争对手模仿跟进，也将遇到难以想象的困难和挑战。

★★★★★

互联网时代，创新的涵义必然更加丰富和多元。互联网思维带来的不仅是商业模式、服务模式的创新，对传统产业的颠覆性改造，更是牢牢掌控未来的秘密武器。在互联网时代得以迅速崛起的新兴企业，正是将创新引入大脑，运用全新的逻辑和模式思考问题的成果。

4

创新进取，一切以用户为中心

在互联网对生活影响力不断增加的背景下，企业在产品生产、营销和创新方面体现的主要是"以用户为中心"的思维。互联网时代，用户才是真正的王。"把用户当唯一本源，其他的就会自然而来"，这是谷歌根据互联网特性总结出来的"谷歌十诫"中的第一诫，也是互联网时代的创新原则之一。

在互联网时代，运用互联网思维来主导企业发展方向和行为模式的新一代企业，完完全全抛开了市场，抛开了利润，全心全意为用户着想，千方百计站在用户的角度来全心全意地为用户服务。什么样的产品是用户喜欢的？什么样的功能让用户使用起来最方便？他们创新和创造

· 195 ·

员工岗位 创新精神
Yuangong Gangwei Chuangxin Jingshen

的灵感不是来自于市场，也不是来自于利润，而是用户。

★★★★★

  2011年8月16日，200余家媒体以及400名米粉齐聚北京798艺术区，共同见证发烧友级小米手机的发布。小米手机恰好满足了用户需求，再加上别出心裁的营销、新颖独特的宣传，短短时间，小米手机销量一路走高，粉丝众多，也积攒了良好的口碑，市值也一路飙升。这一切都与小米公司坚持的"用户为王"的理念密不可分。小米坚持从用户的需求出发，从工程样机之前，就让发烧友们参与其中，共同完善和改进产品；以用户为中心，抓准用户的痛点，将用户体验和产品做到极致；持续微创新的快速迭代，结合大量的用户参与和数据挖掘，使小米的用户快速增加，"米粉"暴涨，小米的急速扩张也就在情理之中了。没有好的用户体验，仅仅依靠屏占比、超薄、美颜等个别卖点，是没有竞争力的，只会遭到淘汰。

  再拿打车软件来说，起初有乐搭、摇摇招车、快的、滴滴打车等，但是最后许多用户手机里都删除了乐搭、摇摇招车等，只留下了快的或是滴滴打车。为什么？不就是方便，用起来顺手，替用户考虑得更周到吗？虽然后来快的和滴滴大战，烧钱烧得全国人民都心头直颤，但还是这两个最方便、实用、为用户着想的软件稳稳当当地立住了身子，双方各占了一半的市场。这就是良好的用户体验带来的结果。

★★★★★

  互联网时代，只有真正为用户考虑，真正方便了用户，给予用户最好的体验，用户才会买账，产品才有前途。所以，在互联网时代，岗位创新成功就在于，是否真正坚持了用户至上，读懂了用户的需求，准确地满足了他们的需求，是产品最终能否获得用户"芳心"的关键。任何产品都只有站在用户的立场考虑问题，才能在"好评"中前行。

  互联网时代，人是最关键的核心。正因为如此，用户至上就自然而然地成为创新的核心，其他的想法都是伴随着用户的想法而产生的。在

第八章
与时俱进，让互联网为岗位创新注入全新活力

岗位创新精神中，把用户当作上帝，不光要体现在产品的层面，更应该贯穿企业的整个经营链条，包括市场、产品、品牌、销售等。也就是说，用户需要的是什么，企业就要给什么，用户需要的时候，企业要能满足，用户需要多少，企业就得满足多少，用户想到的没想到的，企业都要能想到。

★★★★★

2013年年底，一家成立不到两年的公司玩了次大手笔，创始人给五位高管的年终奖是每人一辆车。这家一出手就"土豪范儿"的公司，产品却很小清新，它就是在互联网上卖坚果的新贵——三只松鼠。2013年三只松鼠销售额超过3亿元，其中仅"双十一"一天就卖得3562万元，位居天猫坚果类销售第一。

三只松鼠的产品体验从你打开页面的那一刻就开始了。打开三只松鼠的店铺页面，就可以很轻松地感受到一种可爱的"萌"文化，这种"萌"能第一时间吸引买家的眼球，让买家产生新鲜感和兴趣。它们在创造一个森林甚至一个星球，别说是小孩子了，即使是大人也会有种喜悦开心的感觉，淡化了浓重的商业气息，隔绝了其他坚果店铺。让人进入一个具有唯一性、不可比拟的购物环境内。再加上那只卡通松鼠叫着"主人"以及"小美为主人沏杯温暖的花茶""松鼠在身边，温暖您整个冬季"的贴心话语，让用户迅速享受到一种强大的关怀和贴心。

"三只松鼠"的每个客服人员都有一个松鼠的形象和名字。在客服沟通上，三只松鼠也大胆创新，一改过去淘宝"亲"的叫法，改称为"主人"。"主人"这一叫法，会立即使关系演变成主人和宠物的关系，客服妹妹扮演为"主人"服务的松鼠，这种购物体验就像在玩角色扮演，新奇而有趣，对于年轻人和女性购买者，吸引力更大，而坚果的购买者恰好又是年轻女性为最多。傲娇地摆着主人的架子，表现不好就给差

员工岗位 创新精神
Yuangong Gangwei Chuangxin Jingshen

评，这些是线下购物无法给消费者提供的"爽酷"体验。

每一个包装坚果的箱子上都贴着一段给快递员的话，而且是手写体——"快递叔叔我要到我主人那了，你一定要轻拿轻放哦，如果你需要的话也可以直接购买"。相信不论是快递员还是用户收到这样贴心而有趣的超萌超嗲的留言，也会忍不住莞尔一笑的。这样的购物体验，使用户心情愉快极了。

最出乎意料的体验，也是三只松鼠最贴心的地方，是他们把握住了和用户互动的最关键环节，即用户收到并打开包裹的那个瞬间。打开包裹后会发现，每一包坚果都送了一个果壳袋，方便把果壳放在里面；打开坚果的包装袋后，每一个袋子里还有一个封口夹，可以把吃了一半但吃不完的坚果袋儿封住。令你想象不到的还有，袋子里备好的擦手湿巾，方便吃之前不用洗手——这样周到、贴心、充满关怀的设计，想不喜欢都难！而且精致的小礼物是可爱的松鼠钥匙扣，既好看，又正好为店铺做了宣传。如此贴心、考虑周到，试问有多少企业做到了？

★★★★★

其实无论是传统企业还是互联网企业，大家都一直在倡导"一切以用户为中心"，可有多少真正做到了？凡是做到了的，都成功了。用户为王的时代已经到来，这条准则几乎适用于任何行业。随着数字时代的到来，用户的话语权越来越强。尤其是移动互联网时代，沟通已经无处不在。一个产品做得好，转瞬就会口口相传；如果产品做得烂，不久也会臭名远扬。用户行为和需求正在发生根本性的改变。企业就是为用户服务，用户需要什么，就生产什么，就为用户提供什么。一切以用户为中心，才能为产品迎来真正的明天。

第八章

与时俱进，让互联网为岗位创新注入全新活力

5 专研数据分析，把互联网当作创新的工具

互联网最根本的本质是数据，不管互联网发展成什么样子，它的最基本的构成要素还是数据。正如有人说过的那样，在互联网上四处流动的不是血液，也不是牛奶，而是一个一个由0和1组成的数字，庞大的数字形成了数据流，数据流构成了互联网。在全新的互联网时代，数据流统领着一切，谁拥有了数据，谁就拥有了一切！

★★★★★

塔吉特百货是美国的第二大超市。一名男子闯入塔吉特的店铺，愤怒地指责超市不应当给他17岁的女儿发婴儿尿片和童车的优惠券。店铺经理觉得肯定是中间某个环节搞错了，于是立刻向来者道歉，并极力解释说："那肯定是个误会。"

但调查的结果显示，塔吉特确实给他的女儿寄送了婴儿尿布和优惠券，因为从他们的数据分析上来看，他的女儿确实是怀孕了。果然，一个月后，那位父亲非常沮丧地打来电话道歉，因为塔吉特的广告并没有发错，他发现他女儿的确怀孕了。

在这名男子自己都还没有发觉的时候，塔吉特居然就已经知道他女儿怀孕了，为什么呢？就因为塔吉特的数据分析。

孕妇对于零售商来说是一个含金量很高的顾客群体，商家都希望尽早发现怀孕的女性，并掌控她们的消费。塔吉特的统计师们通过对孕妇的消费习惯进行一次次的测试和数据分析得

· 199 ·

员工岗位 创新精神
Yuangong Gangwei Chuangxin Jingshen

出一些非常有用的结论：孕妇在怀孕头3个月过后会购买大量无味的润肤露；有时在头20周，孕妇会补充如钙、镁、锌等营养素；许多顾客都会购买肥皂和棉球，但当有人除了购买肥皂和毛巾以外，还突然开始大量采购无味肥皂和特大包装的棉球时，说明她们的预产期要来临。据此，超市会精准地选出其中的25种商品，对这25种商品进行同步分析，基本上可以判断出哪些顾客是孕妇，甚至还可以进一步估算出她们的预产期，在最恰当的时候给她们寄去最符合她们需要的优惠券，满足她们最实际的需求。这就是塔吉特能够清楚地知道顾客预产期的原因。

★★★★★

互联网带给这个世界最伟大的变化之一，就是把世界上的一切都变成了数据。在网络中自由穿行，带给这个世界天翻地覆变化的正是这些数据。数据是互联网下的蛋，也是互联网时代最大的资产、资源和资本。百度连接了信息与读者，阿里连接了商品与消费者，腾讯连接了人与人。BAT所有的连接都是建立在数据基础之上的，可以说大数据连接了一切。数据连接了消费者和商家，数据连接了客户习惯，数据连接客户喜好，数据连接了位置，数据连接了时间和空间，数据连接了历史和现在。所以，数据才是互联网的本质特征，才是互联网上最大的资产。

数据为什么也是资产？因为连接一切的大数据将会反馈所连接的事物、空间和时间，通过数据记录来反馈物体的移动，客户的消费习惯，个人爱好，行为习惯，活动轨迹，运动规律等。更重要的是这些反馈数据能知道你是谁、你在哪里、你喜欢什么、你在干什么、你的消费能力以及你未来的需求等。所有被反馈的事物都被打上了一个或多个数据标签，这些具有价值的标签经过整理和分析后，将会揭示事物之间的相关性和规律，将会为个人、商家、社会带来巨大价值。数据也就理所当然地成为了资产。所以，拥有数据就等于拥有了无穷的价值。

马云应当是最早认识到互联网数据价值的人之一。早在20世纪90

第八章
与时俱进，让互联网为岗位创新注入全新活力

年代，马云初创业时"卖黄页"，实际上卖的就是数据。之后他踏出的每一步，在外人看来是在做互联网，做平台，做电商，在做他的商业帝国，而实际上，他是在做数据。马云曾在多个场合毫不讳言："我们是通过卖东西收集数据，数据是阿里最值钱的财富。"时至今日，互联网上庞大的数据越来越受到大家的重视。

★★★★★

数据可以变成企业竞争优势的一部分。看看墨西哥工业巨头、全球产值最大的水泥及混凝土企业 CEMEX 是如何重新定义它在即需浇灌的水泥业务领域的产品。传统上，CEMEX 通过"3 小时交付窗口"来提供即需浇灌的水泥，但客户应提前 48 小时预订水泥。然而，建筑行业具有很大的不可预测性，超过半数的客户有时会在最后一刻取消订单。这不但给公司带来了物流问题，顾客也得为此支付违约金。

为解决这个问题，公司为运输车队配备了一种基于 GPS 和计算机的一体化网络。这种卫星通信系统将其每家工厂与一个全球因特网门户相连，以便随时跟踪其全球范围内的订单状态。借助这种网络，公司可以通过"20 分钟交付窗口"来提供即需浇灌的水泥，既提高了运输车队的使用率，又降低了运营成本。

★★★★★

数据里包含了无尽的信息。通过它可以认识产品特性、了解客户需求，优化营销、改善产品，数据的这些价值正是它被各方追逐的原因。在互联网上，所有的数据都是海量的，规模巨大，体量惊人，从这之中发掘出来的数据也同样多。这些海量数据让我们越来越多地观察到人类社会的复杂行为模式，为大数据提供了信息汇集、分析的第一手资料。从庞杂的数据背后挖掘、分析用户的行为习惯和喜好，找出更符合用户"口味"的产品和服务，并结合用户需求有针对性地调整和优化自身，就是大数据的价值。

未来的世界，将会是数据的时代，谁享有的数据资产多，谁就有更

大的竞争优势。谁拥有了足够多的数据，谁就能飞速发展，谁就会拥有未来。麦肯锡预测，使用大数据将支持新一波的生产力增长和消费者剩余。挖掘到数据价值将是最有竞争力的优势。能够充分利用数据的企业将更有可能占据先机，不重视数据资产并忽视大数据的企业将逐步落后。如今越来越多的企业意识到数据资产的重要性，相继踏上了挖掘数据价值的旅程。Facebook、Google、亚马逊等国际巨头正在运用数据的力量获得商业上更大的成功，并且传统的金融、电信等企业也在充分运用数据来提升自己的商业竞争力。

6

树立个性标签，创新特色产品

在互联网时代，创新产品都有非常明显的个性标签，其目的当然是为了能让用户更好地识别，也是为了更方便地能让用户查找到自己的企业和产品。比如百度，标签就是搜索，"百度一下，你就知道"，简单的八个字，清晰明了，轻轻松松就挤走了搜索界老大谷歌；比如腾讯，最醒目的标签就是QQ，一个看起来傻乎乎的小企鹅，但却拥有最广泛的用户。这就是个性标签的作用。

一个没有个性标签的产品等同于没有定位，一个有多个标签的产品也等同于没有定位。有自己的专属的、独具特色的标签，才能定位准确，目标清晰。一个产品的失败或者不够成功，无疑都是由于在标签上专注于自己的特色，却没有认真打造一个专属于自己的标签。只有树立个性标签，才能创新出受欢迎的产品。

第八章
与时俱进，让互联网为岗位创新注入全新活力

★★★★★

意大利著名时装设计师戴尼斯强调："唯有产品个性是品牌异化的核心表现。"他为英国著名的军旅风格特色的户外用品品牌 FORESUN（弗邦行）设计了 160 件时装，件件都突显出鲜明的个性化设计理念。他在产品设计中融入欧洲军装的功能性和结构感，这足以满足在户外活动时的实用需求。尤其在专业品类中，强大的功能设计，注重对防风、防雨、保暖、耐磨、轻便等细节上的关注，充分考虑人的皮肤伸展率及人体关键活动部位的空间合理率，提升衣着舒适度与合体性。特别是对于一些细节处的贴心设计，如讲究款式的时尚度与男人气度的结合，对电子产品的装载口袋设计、肩章设计、立体兜以及束腰效果设计、多口袋款式设计、军事感色调、加强坚固功能的工艺设计等，都体现出鲜明的军旅休闲特色，区分于一般户外品牌。

★★★★★

有个性的产品才有人喜欢，所以好的创新产品一定有着自己独特而鲜明的个性。那些一流企业的产品，"与众不同"几乎是他们成功的共同"秘密"。传统品牌如此，互联网时代的品牌，更是如此。这是一个个性化的时代，个性化的消费主张，个性化的使用习惯，个性化的角色特征，都在无声地表达着所有人对于个性的强烈需求。互联网时代也成为名副其实的个性化时代。因而，没有个性的产品是没有立足之地的，即便面对众多的同质化产品，小小的创新和多为用户考虑一小点，也会体现出独特的个性，赢得非凡的成功。苹果、戴尔、小米、黄太吉都是如此。

★★★★★

有一种蛋糕叫极致蛋糕。从 2013 年 10 月份开始，这种蛋糕的营收破百万。截至 2014 年 3 月，每月订单超过 1000 单，成为烘焙业的领头军。

吴滋峰是极致蛋糕的创始人，曾在互联网摸爬滚打多年，

员工岗位 创新精神
Yuangong Gangwei Chuangxin Jingshen

拥有丰富的经验。偶然的机会，他发现烘焙业拥有良好的毛利率和重复购买率，于是便决定投身这个行业，打造极致蛋糕。

极致蛋糕相比其他蛋糕有如下几个特点：

极致蛋糕更注重用户体验。极致蛋糕虽然开设了体验店，但并不承担售卖功能。体验店是为了宣传和展示存在，用户可以去体验店了解极致蛋糕的企业文化、食品的原材料和做法等。整个过程清晰明了，以便接受用户的监督和建议。

极致蛋糕提出了"云配送"理念。这是为了快速满足用户送货的需求，保证在市区内2小时送达。极致蛋糕赋予了烘焙业情感和故事。吴滋峰发现，在传统的烘焙门店里，年轻人并不多，也就是说传统的烘焙业已经很难吸引年轻人了。而年轻人正处在朝气蓬勃的时代，他们需要情感和故事，更需要创新。

为此，他专门请设计师以及烘焙业的资深师傅调制出星座限量系列，不仅用料讲究，口感很好，外观也很吸引人。在收到市场的良好反馈之后，吴滋峰开始在烘焙业里融入各种流行因素。味道可口固然重要，但那已经变成了最基础的东西。换句话说，极致蛋糕卖的是一种感觉——既好吃又时尚的感觉。

除了以上两点，极致蛋糕与传统蛋糕的区别还在于，极致蛋糕对于包装、原料、服务的追求是精益求精的，追求极致便是极致蛋糕的目标。尽管如此，极致蛋糕的价格只有58元，性价比很高。

★★★★★

互联网时代个性无处不在，对个性的追求更是时代显著的标签。在这样的时代，只有个性化的产品才能印刻在顾客心中，只有个性化的产品才能持续生存。这样，你给用户的就是最好的，用户才会信任你，支持你，追捧你，你的产品才能占得一席之地。越有个性的产品越受欢迎，这其实一直是抓住年轻用户的关键所在。现在的小米、苹果都是因为个性而生存壮大。

附录：创新意识小测试

创新意识对于当今这个复杂万变的世界来说是非常重要的。虽然说每个人都有与生俱来的创新意识，但不同人的创新也有高低之别。你想知道自己的创新意识如何吗？试一试下面的测试题，看看能得多少分。

选项：A. 完全符合，B. 部分符合，C. 完全不符。（请选出最适合自己的答案，这样得出的结果才更真实！）

1. 在学校里，喜欢猜测某些事情或问题的结果，即使不一定都猜对也无所谓。
2. 经常用一些旧报纸、旧日历及旧衣服等废品来做成各种好玩的东西。
3. 喜欢和朋友在一起，和他们分享自己的想法。
4. 尝试新的游戏和活动是一件有趣的事。
5. 不喜欢太多的规则限制。
6. 喜欢唱大家还都不太熟悉的新歌。
7. 喜欢在班上同学面前发表意见。
8. 自己决定的事，绝不后悔。
9. 对于一件事情先猜猜看，然后再看是不是猜对了，这种方法很有趣。
10. 喜欢尝试新的事情，目的只是为了想知道会有什么结果。
11. 玩游戏时，通常是有兴趣参加，而不在乎输赢。
12. 对自己没见过的东西，总会仔细地观察，以了解详细的情形。
13. 做功课时喜欢参考各种不同的资料，以便得到多方面的了解。
14. 喜欢做许多新鲜刺激的事。

15. 喜欢交新朋友。

16. 常想要知道别人正在想什么。

17. 有许多事情都很想亲自去尝试。

18. 喜欢翻箱倒柜，看看有些什么东西在里面。

19. 画图时，很喜欢改变各种东西的颜色和形状。

20. 玩猜谜之类的游戏很有趣，因为很想知道结果如何。

21. 对机器有兴趣，很想知道它里面是什么样子以及它是怎样工作的。

22. 喜欢可以拆开来的玩具。

23. 喜欢翻阅书籍及杂志，但只想知道它的内容是什么。

24. 喜欢探寻事情发生的各种原因。

25. 喜欢问一些别人没有想到的问题。

26. 喜欢幻想一些想知道或想做的事。

27. 喜欢想一些从未在自己身上发生过的事。

28. 喜欢想象有一天能成为艺术家、音乐家或诗人。

29. 幻想有一天能在太空上生活。

30. 喜欢故事或电视节目所描写的事。

31. 读故事的时候，喜欢自己猜测和编造结果。

32. 想做一些别人从没想过的事情。

33. 读小说或看电视时，喜欢把自己想象成故事中的人物。

34. 喜欢幻想古代人类生活的情形。

35. 常想自己编一首新歌。

36. 喜欢想一些新点子，即使用不着也无所谓。

37. 喜欢深入思考一些热点话题。

38. 当看到一张陌生人的照片时，喜欢去猜测他是怎么样的一个人。

39. 喜欢听和看一些变化多端和富有想象力的故事。

40. 画图时喜欢按自己的风格画，不喜欢临摹别人的作品。

41. 如果事情不能一次完成，会继续尝试，直到成功为止。

42. 总喜欢寻找新的方法解决问题。

43. 喜欢探究事情的真假。

44. 会因为一些令人兴奋的念头而忘记了其他的事。

45. 认为所有的问题都没有固定的答案。

46. 喜欢与众不同的事情。

47. 喜欢解决问题，即使没有正确的答案也没关系。

48. 认为一篇好的文章应该包含许多不同的意见或观点。

49. 为将来可能发生的问题找答案，并将此当作一件令人兴奋的事。

50. 无论在家里或在学校，总是喜欢做许多有趣的事。

评分方法：

选择 A 计 3 分，B 计 2 分，C 计 1 分。

解析：

130～150 分——创新意识强烈。

你的创新意识相当强，在处理问题时总能想到与众不同的好点子。请坚持下去，你会在将来得到更好的发展。

100～129 分——创新意识良好。

你的创新意识属于中等，你习惯采用现有的方法与步骤来考虑和处理问题，这样做虽然比较稳妥，但很难有大的突破。建议你再大胆一些。

99 分及以下——创新意识一般。

你的创新意识一般，需要加强学习，进行针对性的练习，以提高你的创新能力。